# PTA,
# こうやって
# 変えました!

## 脱強制・改革の
## 超実践的ノウハウ

全国PTA連絡協議会 編著

学芸出版社

# はじめに

ＰＴＡが、活動に賛同して入会する任意加入の組織であることは広く認識されるようになりました。また、未加入者への対応や個人情報の適切な管理など、時代に合った運営も求められています。しかし、毎年同じ活動を繰り返しているＰＴＡも少なくなく、保護者のＰＴＡ離れの一因にもなっています。

全国ＰＴＡ連絡協議会は、ＰＴＡのマイナスイメージを払拭し、負担感なく保護者が楽しめるＰＴＡ活動となることを願い、ＰＴＡ活動におけるコンプライアンスの側面も含め、様々な情報発信やサービスの提供などを通してＰＴＡのアップデートを支援しています。

ＩＣＴ技術やオンライン会議の利用で、容易に情報共有ができるスマートな活動を実現します。長く続いたルールがＰＴＡを負担感のあるものにしているのならば、見直すことも必要です。

学校や地域と連携して活動するＰＴＡの活性化は、子どもたちが育つ地域コミュニティも豊かなものにしていきます。未来を担う子どもたちのために、大人ができることを考え、取り組んでいきましょう。

本書には、前例踏襲や強制を排除し、無理をせずに楽しく活動していこうというＰＴＡの事例を掲載しました。それぞれのＰＴＡが必要な活動を真剣に考え、議論し、試行錯誤する様々な過程が、これから改革をしていこうという皆さまに、少しでも参考になれば幸いです。

一般社団法人全国ＰＴＡ連絡協議会
代表理事　長谷川　浩章

# CONTENTS

# 1部

# PTA改革の必要性と進め方

# 1 PTAをめぐるさまざまな問題点

令和の時代となり、PTA活動を取り巻く環境は大きく変化した。社会情勢の変化を受けて、旧態PTAの抱えてきた問題点に焦点が当たっている。従来のスタイルでの運営を続けることはもはや困難になりつつあり、今日本全国のPTAで改革が求められている。

PTAが家庭・学校・社会の三者が協働しあうための組織として、時代にあった活動を継続できるよう、保護者だけでなく社会全体で考えていく必要がある。

PTA活動をめぐる社会の主要な変化は、下記のようなものだ。

## 夫婦のいる世帯の共働き率は7割に

『令和4年版 厚生労働白書』(2022年)によれば、2021年の共働き家庭は1247万世帯、「男性雇用者と無業の妻」の家庭は582万世帯。共働き家庭は夫婦のいる世帯全体の約7割を占めている。これは、1989年の共働きと専業主婦の比率(約3:7)から逆転したと言える。従来型のPTAが前提としていた保護者の時間の使い方が大きく変わった以上、PTA活動のあり方も時代の変化に応じて変えていくことが必須となっている。

### インターネット接続機器の普及

２０１０年代のスマホ普及を経て、２０２０年代現在の日本国内における携帯電話所有者のスマートフォン比率は95％以上。現在では日常生活に欠かせないツールとなっている。ＩＣＴ機器の利用が難しい方への配慮は欠かせないが、ほとんどの保護者・教職員がＩＣＴ機器の利用ができる前提での運営が求められている。

### ＰＴＡとして求められるコンプライアンス（法令遵守）

個人情報保護法の改正や、ＰＴＡの在り方への理解が進む中、「子どもたちのために」といくら素晴らしい理念を掲げていたところで、違法な運営をしているようでは、ＰＴＡの存続は難しい。任意加入の徹底、活動強制の排除、個人情報の適切な取り扱い、学校への寄附に関する手続きなどについて、適法な運営を行っていくことは最低限行わなければならない法律上の要請だ。

### ＰＴＡとして求められるアカウンタビリティ（説明責任）

教職員、保護者、児童・生徒は、ＰＴＡの直接的・間接的な利害関係者だ。ＰＴＡは、任意の社会教育関係団体だが、学校施設を利用し、全ての子どもたちを対象とした事業を行っているため、関係者に対して、事業の目的や内容、会費の使途などについての説明責任が求められている。また、地域との連携がある場合には、地域に対する対応も必要となる。

これからのＰＴＡ組織の運営には「できる人が、できる時に、できる事を、集まった人数で」行うことが必要だ。また、組織として、より一層の活動の可視化、活動の柔軟性、多様性を持った組織運営も求められている。

従来通りのＰＴＡ運営ではなく、ＩＣＴの積極的な活用、ボランティア制の導入、事業の見直しなど柔軟な対応が必要になってくる。

ＰＴＡ改革にあたって重要な点は、減らす事だけではなく、コミュニケーションや学びの機会を維持できる形を考えることだ。もちろん、新しい取り組みや事業を始めることも選択肢だ。「なぜ前例踏襲ではいけないのか」という問いや、デジタル化に反対する意見に対しては前述のような様々な環境の変化を丁寧に説明し、理解を得て、変革への賛同者になってもらえるような対応も必要だ。

社会全体で考えると、職業観・家庭観が大きく変化する中、全ての人が希望に応じて、家庭でも仕事でも活躍できる社会への変革が必要とされている。

新しい動きや意識の変化を認識し、制度・慣行を今の時代に合ったものに変え、新しい発想、新しい叡智を取り入れ、全ての人が活躍できる社会へ転換していく先に、社会として、国家としての更なる成長があると言えるだろう。ＰＴＡ活動においても、同じような事が当てはまるのではないだろうか。

ＰＴＡは過去にも何度か変革の必要性を問われてきたが、過去の変革は、その度に、国の審議会で協議し、各都道府県に目的や規約の改変などを求める通知を出してきた、いわゆる上からの改革が多かった。近年の動きは、今までとは異なり、単位ＰＴＡが各保護者、学校、地域の実情を踏まえ、時代にあった活動へと進化させる自発的な取り組みが各地で始まっている。コロナ禍を経て、社会全体の意識も変わりつつある今こそ、変革のチャンスだ。

本書は、単に違法な運営を脱しただけでなく、多くの人が参加したいと思える状況をつくりだす新しいＰＴＡをどうすれば実現できるかを考えていきたい。全国の旧態ＰＴＡに共通する以下の問題点と改革のポイントについて見ていこう。

## 2 任意加入の徹底

### 入退会自由を前提とした運営を

ＰＴＡは「Parent Teacher Association（父母と先生の会）」の略で、保護者と教師が協力して子どもたちの教育環境をより良いものに整えることを目的とした団体で、「社会教育関係団体」として位置付けられている。

本来ＰＴＡは任意団体であり、その入退会は会員の意志で決められるべきものだ。しかし、多くのＰＴＡで、児童・生徒の入学と同時に保護者をＰＴＡへ自動的に加入させ、全員加入を前提とした運営がなされてきた。

時代は変わり、PTAは入退会自由の団体ということが広く認知されるようになり、PTA団体には、任意加入の説明と加入意思の確認、さらには、法改正による個人情報保護への適切な対応が求められている。適正化を進めるとともに、加入したくなるような魅力的なPTAを目指すことが重要だ。今後のPTA運営にあたっては、未加入者がいることを前提とした活動が求められている。

PTAに関する政府の見解としては、2023年3月に岸田文雄首相が参院予算委員会で「PTAは任意団体であり入退会は保護者の自由」と答弁している。卒業記念品の配布などを巡り、未加入保護者の児童・生徒が「嫌な思いをしないように対応してほしい」などとも付言している。永岡桂子文部科学相は「報道などで入退会を巡るトラブルがあることは承知している。学校や保護者による任意団体であり、それぞれの判断で解決してほしい」と答弁している。PTAの存在意義については「児童・生徒の健やかな育成のために構成され、学校、家庭、地域の連携を強化する重要な役割を担う」とも付言している。岸田首相は文科相の見解を踏まえ「PTAの運営について国が一定の判断を示すのではなく、それぞれの団体において、子どもが嫌な思いをしないように関係者で話し合ってほしい」と説明している。

PTA入退会は個人の意思のみに拠ることは、昔も今も明白なのだが、それが一般に理解されず、全員自動強制加入と、それと一体となった役職強制がまかり通ってきたのが今までの日本のPTAだった。この強制性をめぐって、さまざまなトラブルが起こっている。

## 保護者の加入意思をめぐる熊本ＰＴＡ裁判

熊本ＰＴＡ裁判とは、２０１４年に熊本市立小学校の保護者がＰＴＡに対して起こした裁判だ。原告が被告ＰＴＡに対して、同意書や契約書なしに強制加入させられ、退会届が受理されなかったことを訴え、会費返還などの損害賠償を求めた裁判で、「ＰＴＡが冊子を交付し、原告が会費を納入したことによって、原告がＰＴＡに入会したと認められるのか」が主な争点だった。

熊本地裁判決では、表紙に「わたしたちのＰＴＡ」及び学校名が記載されている冊子を原告が受け取り、その後「ＰＴＡ会費納入袋」と印刷されている納入袋を受け取って、これを使ってＰＴＡ会費を支払ったなどのことから、原告保護者と被告ＰＴＡの間に黙示のＰＴＡ加入に関する合意が成立しているとされた。冊子の表紙や1～5頁に学校に関する情報が記載され、6頁以降にはＰＴＡに関する記述があったため、ＰＴＡは小学校から独立した団体であるのに、小学校がＰＴＡを統括しているように保護者を誤信させたことが、判決から判明している。

この裁判は、一審で原告の訴えが棄却されたため、控訴となり、２０１７年2月10日に福岡高等裁判所にて「ＰＴＡは入会が自由な任意団体であることを認識し、十分に周知すること」等を条件として和解が成立している。

ＰＴＡの強制加入について疑問を持ち、裁判へと発展した熊本ＰＴＡ裁判は、マスコミにも大きく取り上げられ、加入の任意性を周知させるという和解案は全国に広がった。

### 教諭によるＰＴＡ会費返還請求

２０２３年７月、鹿児島県立高校の教諭が、鹿児島簡裁にＰＴＡ会費の返還を求める少額訴訟を起こしている。提訴の内容は、同意がないままＰＴＡ会費を給与から天引きされたとして、校長と元ＰＴＡ会長を相手取り、６年分の会費計１万６５６０円の返還を求めるものだ。

ＰＴＡと校長は、教諭が６年余りにわたって毎月「ＰＴＡ会費」と明記された給与明細を受け取りながら異議を唱えなかったとして、「会員であることを少なくとも黙示的には承認していた」としている。教諭は「これまで払わないといけないものだと思い込んできた」とし、「ＰＴＡに入るのが当たり前という現状に一石を投じたい」と裁判を起こしたという。今後の裁判で、返金することで判決が確定した場合は、ＰＴＡの任意加入、同意書取得が必須であるという流れがより進むと思われる。

裁判にまで至る例は珍しいが、同様の不満は全国各地のＰＴＡで見られるものだ。自治体の教育委員会でも、この問題に対して通知を出す例が出てきている。

### 埼玉県教育委員会による通知

２０１７年1月に、埼玉県教育委員会が、県内の小中学校長宛に「ＰＴＡ活動を円滑に推進するための留意事項について」という通知を出した。通知ではＰＴＡに対し、以下のことを求めている。

◉入会は任意であることを保護者に周知している。
◉加入方法や会費の徴収方法等を事前に周知している。
◉会員ではない保護者の児童生徒に対しても教育的配慮をしている。
◉役員選定の方法を事前に説明し、各保護者の事情に十分に配慮している。

また、結社の自由を保障する憲法21条をＰＴＡの関連法規として、「国民は誰でも希望すれば、『任意加入の団体』としてのＰＴＡを結成・解散及び参加・脱退することができる」と記している。

同様の通知は各地の自治体で相次いでおり、少しずつではあるが、任意加入徹底の必要性については今後も周知が進んでいくと思われる。

通知の有無にかかわらず、ＰＴＡの担い手である保護者たちが、自らの力でＰＴＡの運営を変えていくことが理想的だ。地域により事情は様々だが、できることから取り組むことで、より信頼されるＰＴＡを目指してほしい。

## ＰＴＡにおける実態調査の結果から

東京都ＰＴＡ協議会が２０２２年9月に実施し、都内公立小学校ＰＴＡ１５９校から回答を得た調査結果によると、「ＰＴＡが任意加入であることの説明」を行なっているＰＴＡは79・9%、また「加入意思の確認」を行なっているＰＴＡは72・3%という結果だった。また、「任意加入の説明」「加入意思の確認」を両方行っているＰＴＡが63・5%、一方で「任意加入の説明」「加入意思の確認」のどちらも行っていないＰＴＡが11・3％となった。

東京都ＰＴＡ協議会の調査は、この数年継続して実施されており、２０１６〜２０２２年における「任意加入の説明」×「加入意思の確認」の実施状況の推移を見てみると、「任意加入の説明」「加入意思の確認」を両方行なっているＰＴＡは徐々に増えてきている。一方「任意加入の説明」「加入意思の確認」のどちらも行なっていないＰＴＡは、年々少なくなっている。

同調査から、ＰＴＡの加入率について見てみると、加入率「１００％」のＰＴＡは30・２％、「95％超１００％未満」51・６％、「90％超95％未満」９・４％と、加入率が「90％」を超えるＰＴＡが91・２％という結果となった。「任意加入の説明」「加入意思の確認」を両方行なっているＰＴＡ１０１校では、加入率が「90％を超える」ＰＴＡが88・８％。一方「任意加入の説明」「加入意思の確認」のどちらも行なっていないＰＴＡ18校では、全てのＰＴＡで加入率が「95％超」となった。「説明なし」「確認なし」より、「説明あり」「確認あり」の方が、加入率が低くなるのは至極当然のことと言えるだろう。

### 加入率低下を恐れない

任意加入の説明と加入意思の確認、個人情報保護への適切な対応は、ＰＴＡの適正化のためだけではない。活動の担い手である保護者が「気持ちよく参加できるように」「前向きな気持ちで活動を楽しめるように」することが、本来の目的ではないだろうか。

ボランティアとして、子どもたちのために何をすべきかを考え、できる人が、できる時に、できる事で協力する体制をつくり、保護者一人ひとりの力が必要とされる組織の活動について伝えていくことが重要だ。

未加入者の増加を考えると、任意加入説明と加入意思確認の導入は、なかなか踏み切りにくいものだが、まずは検討の第一歩として、「加入したくなるような魅力的なＰＴＡ」について、地域の事情にあった運営方針や活動内容を話し合う機会を設けてはどうだろうか。

保護者や教職員に対し、ＰＴＡの活動趣旨を丁寧に説明し、それでも入会していただけない場合は仕方のないことだ。未加入者に向けた対策として、加入したくなるような魅力的なＰＴＡに向けた取組と、丁寧な広報活動を続けていくことは大前提だが、一定数の未加入者が出ることを恐れず、趣旨に賛同してくださる人たちで運営・活動していけばいいと考えよう。

「任意加入の説明」「加入意思の確認」を両方行なっていても、多くの保護者が加入しているＰＴＡは多いが、一方で「任意加入の周知を徹底したら、会員が激減した」というケースもある。一定の加入率を維持していくためには、一般の団体と同様、「参加しやすい活動」「魅力的な組織」を模索し、変えるべきことは変え、それらを保護者に説明し、理解や賛同を得ていくことが必要だ。

「加入意思確認をしたら、未加入の人が出てしまうのではないか」という不安の声もよく耳にするが、今や加入率が１００％ではないＰＴＡは珍しいことではない。加入したくないという人が出てくることを恐れることはない。

仮に加入率が下がっても、それは、ＰＴＡのあり方を考え直すチャンスと前向きにとらえ、ＰＴＡ活動の目的は何なのか、本当に必要な活動は何なのかを、役員で考える時間を持ったり、保護者に意見を聞いたりしてみてはどうだろうか。

## 任意加入の説明は丁寧に

ＰＴＡ加入の任意性への認知が広まった状況ではレアケースかもしれないが、「任意であることを知らなかった」「強制だと言われて加入した」などの場合は、民法95条（錯誤）の規定により加入自体が無効になる可能性がある。

また、ＰＴＡが任意加入の説明をしない場合や、加入は強制であるとの説明をした場合は、民法9条（詐欺又は強迫）により、加入取消を主張されるケースも考えられる。任意加入の説明を行い、加入の意思確認をするなど、ＰＴＡとして適切な対応が必要だ。

## 活動参加にも任意性が必要

仮に「ＰＴＡへの加入には同意するが、活動には参加したくない」というケースは、どうだろう。ポイント制など、義務を前提としたルールもあるが、ＰＴＡに入会している保護者に対し、活動への参加義務や役員等への着任義務を強制することは難しいと思われる。ＰＴＡへの加入に同意したことと、参加義務や着任義務は、基本的には別の問題だからだ。会員となった場合の参加義務や着任義務が規約に明定されていて、加入時に、その規約に同意していれば別だが、それが現実的ではない場合もあるだろう。極端な場合、義務を避けるための退会すら選択肢となる。

本来は、役員も委員もすべて立候補で決められるのが理想だが、今すぐには現実的ではないPTAもあるだろう。他薦や勧誘、ポイント制度などを残しつつ、あくまで参考情報として、本人の主体的な同意を得る方式、各学級何名などの人数を固定せず、学年、学校単位で選出する、本部は集まった人数で運営し、事業を行う場合は都度サポーターを募集する、などの方法がある。

ポイント制は、活動強制を前提としたルールであり、見直しが必要だ。一方で、ポイント制は一度始めると、中止することが難しくなる場合もあり、義務感のもとポイント制で活動した保護者にとって「ポイント制の中止」は自身にとって不利益と感じられる場合もあり、「私は我慢したのにずるい」といった声や継続を求める声が出てくる場合もある。ポイント制の廃止を検討する場合には「学校から声を上げてもらう」「ルールを修正してポイントの効力を実質的に無効化する」などの工夫もある。

## 3 未加入者への対応

PTAは任意加入であることが少しずつ周知されてくる中で「PTAに入会しない」「PTAを退会したい」というケースも増えており、PTA未加入世帯の保護者や子どもたちへの対応についても混乱が起こっている。

## 未加入世帯の子どもにも平等に対応を

ＰＴＡは保護者と教職員の会員により構成される団体だ。子どもは会員ではなく支援対象である。その学校・園に通うすべての子どもたちのために活動するＰＴＡは、保護者がＰＴＡに加入している、いないに関わらず、全ての子どもたちに平等に対応することが必要である。

学校の教育活動に寄与するための社会教育関係団体であるＰＴＡが、保護者のＰＴＡへの加入・未加入によって子どもに不利益を与えることは、明らかに公共性を欠いており、不適切だ。ＰＴＡが、会員の子どもの利益のためだけに活動する場合、公益目的の活動ではなくなってしまう。ＰＴＡは学校教育法第１３７条の「学校の施設を、社会教育その他公共のために使用させることができる」という条文を根拠に学校施設を使わせてもらっている団体なので、公共性のない組織なら学校長は学校施設（ＰＴＡ会議室など）を使わせることができない、ということになる。

熊本県熊本市教育長は、保護者がＰＴＡに加入しているか否かに関わらず、児童生徒には平等に対応する、学校はＰＴＡからの依頼については全児童生徒が対象となる場合のみ対応する、学校からＰＴＡへ依頼する場合にも全児童生徒が対象となる場合のみ依頼する、という原則を確認する通知を出している。

一方、東京都ＰＴＡ協議会が都内公立小学校ＰＴＡ１５９校に実施したアンケート調査結果によると、調査に回答した東京都のＰＴＡ１５９校のうちＰＴＡに「未加入の世帯がある」とした１１１校に、イベントや事業に際しての「未加入世帯への対応」について尋ねたところ、「区別なく対応」が61・3％、「実費負担にて対応」19・8％、「対象外の場合あり」18・9％となった。

このように、ＰＴＡのイベントや卒業記念品などの取り扱いについて、ＰＴＡに加入しているかどうかで区別がある学校も少なくない。

ＰＴＡ活動が「会員の子どものため」に行うものではなく、「その学校に在籍しているすべて子どものため」に行うのが原則であれば、入会による区別は適切ではない。

以下に該当する場合は対応を検討してみよう。

◉ＰＴＡ主催のイベントへの参加や景品配布等における会員の児童・生徒以外に対する制限がある。

◉ＰＴＡ広報紙の配布は会員の児童・生徒のみ。

◉卒業生へのＰＴＡからの記念品の配布は会員の児童・生徒のみ。ただし、未加入の場合は実費での購入も可能。

◉ＰＴＡ主催のイベントで無料チケットの配布は会員の児童・生徒のみ。ただし、未加入の場合は実費での購入も可能。

地域や学校によって状況は異なるが、対応の仕方によっては、差別やいじめのきっかけとなったり、未加入世帯からのクレームにつながったりする可能性もある。対応は、あくまで各ＰＴＡの判断だが、ＰＴＡが誰のため、何のための組織なのかを考えることが重要だ。

特に問題になることが多いのが卒業記念品だが、不公平感を持つ保護者が多いなら、会費を使って記念品を贈呈することはやめる、会費でなく希望者から実費を集め、卒業記念品を共同購入する、記念品の贈呈はやめて卒業記念企画として別の行事を実施する、などの方法も考えられる。未加入の保護者がどうしても記念品の実費を負担したいと申し出てきたとしても、記念品の実費として受け取るのではなく、ＰＴＡに対する寄附とすべきだろう。

ＰＴＡが登校班の編成をしている場合、未加入世帯の子どもを登校班に参加させないという例もあるようだが、児童の登下校の安全を守る取り組みとしてのＰＴＡ活動自体を否定することになる。

ＰＴＡ規約で「本会の活動において、全ての子ども（園児・児童・生徒）は平等に扱われ、子ども及びその保護者の属性によるあらゆる形態の差別をしてはならない」と、明記しているＰＴＡもある。

## 未加入世帯の保護者への対応

個人情報保護法にあるように、ＰＴＡが個人情報取扱の同意を得ていない人の個人情報をもつことはできない。

ＰＴＡが学校から名簿の提供を受け、ＰＴＡ名簿と全世帯名簿の比較をしない限り、「どの世帯が未加入世帯か」を把握することはできない。もちろん、同意を得られていない人の個人情報が含まれている場合、学校から全世帯の名簿を受け取ることは法的にできない。

ＰＴＡでは会員世帯の情報は把握できるが、未加入世帯の把握はできないため、ＰＴＡとして未加入世帯へ「入会のお誘い」をする場合、全ての保護者・教職員に対して案内する形になる。広報紙を未加入世帯に配布しないというＰＴＡもあるようだが、広報紙の役割の一つには「入会のお誘い」もあると考え、広報紙の全世帯配布をお勧めしたい。学校行事のお手伝い依頼、ＰＴＡイベントへのお誘い、保険の案内など全世帯に声をかける機会を活かして会員数の増加を図ることも重要だろう。

## 4 学校との関係の適正化

全員自動加入の慣行と本質的につながっている問題が学校との一体化だ。学校経費で賄うべき支出をＰＴＡが肩代わりしたり、学校が保有する個人情報を保護者に無断でＰＴＡに提供したり、といったことがまだ行われている学校も多いだろう。

ＰＴＡは、公共性のある社会教育関係団体と考えられており、学校施設を優先的に使って活動したり、社会教育（研修会やセミナーなど）を行ったりすることができるが、学校とは別団体だ。次の点について、問題点があれば、対応を検討してみよう。

### ＰＴＡ業務の一部を学校に委任している場合

ＰＴＡ会費徴収や預貯金通帳の保管など、ＰＴＡに関する業務の一部を学校に委任している場合には、業務委託契任書を作成するなど、ＰＴＡから学校へ委任内容を明確にしておく事が重要だ。

ＰＴＡが取得した個人情報（誰が会員かの情報など）を第三者である学校に提供しない限り、学校によるＰＴＡ会費徴収は不可能で、学校への個人情報（会員情報）提供は、個人情報保護法における第三者提供の例外規定となる業務委託であることを明確にしておくことが必要だ。口頭による確認ではなく、対外的にもわかるようにするために、契約書という書面に残すようにしたい。

業務委託契約は、ＰＴＡ総会などで学校に業務を委託することについて会員の同意を得てから手続きするようにしよう。もちろん、ＰＴＡ規約などで、ＰＴＡ団体が権利能力なき社団としての要件を満たしていることが前提だ。また、ＰＴＡが外部（学校）と契約を締結する場合は、自然人であるＰＴＡ会長が「ＰＴＡ会長」という肩書き付きで契約当事者になる。

学校長や教職員が、公務と明確に区分されていない状態で会費の徴集などのＰＴＡ事務を行っている場合は、地方公務員法第35条（職務に専念する義務）、教育公務員特例法第17条（兼職及び他の事業等の従事）をふまえ、自治体による事務規程などの整備と運用が必要だ。また、当該事務を職務専念義務免除の対象とする必要性についてをＰＴＡと学校で協議するなどの対応が必要だろう。

公立学校の教職員が勤務時間中にＰＴＡの案内等を生徒・児童に配布する行為は、公務員の職務専念義務に反するという主張もある。一方で、公立の学校では学外の団体・企業によるチラシも日常的に校長許可のもと配布されており、それらと同様校務の一環として配布に協力しているという見方もできる。いずれも学校に在籍する児童・生徒の教育のためという公益目的に資するものとして校長が判断し、配布を許可すべきものだろう。

## 学校における個人情報の取扱いと使用の同意

本来、ＰＴＡ会員の情報はＰＴＡ独自に収集管理すべきだが、学校側が保護者に対して、学校の保有する個人情報をＰＴＡに提供することについて同意を得ようとする場合は、学校側文書に「ＰＴＡ活動（役員選出、広報誌、ホームページ、各種イベントなど）等のためにＰＴＡに対し個人情報を提供する」等の追加記載をしてもらう必要がある。

都道府県や市区町村の「個人情報保護に関する条例」では、教育委員会（学校）は、保有する個人情報を利用目的以外のために第三者に提供してはならないと規定されている場合が一般的だ。こうした条例がある場合、本人の同意を得ずに、学校からＰＴＡに対して児童・生徒や保護者名簿（個人情報）を提供することは、条例違反となる可能性がある。学校側に相談するなどして、個人情報の取扱いに関する学校の文書に、「学校の保有する個人情報をＰＴＡに提供することについての同意」に関する項目追加を依頼しよう。

## 公費と私費の負担区分

公費と私費の分け方については、法律で定められているものではないため全国統一の基準はなく、全国の自治体によって様々というのが現状だ。

公立学校は公の機関なので、公費による運営が基本だ。学校教育法 第5条は、「学校の設置者は、その設置する学校を管理し、法令に特別の定のある場合を除いては、その学校の経費を負担する。」となっている。

学校現場でいう公費とは、市区町村の予算で、財源は税金だ。多くの自治体では、教育委員会からの連絡（予算の令達）によって学校予算が決定する。私費は、保護者が支払っているお金で、公費に対する名称だ。学校現場ではあまり私費という用語は使われず、補助教材費や制服代などの具体的な使途、または学校徴収金、保護者負担金などと呼ばれている。

学校給食に関しては、学校給食法などでその経費負担の区分が示されており、食材料費＝私費、人件費＋施設設備費＝公費とされている。一方で、学校給食法の経費負担区分には、禁止条項がないため、自治体の予算化により公費負担が可能だ。昨今では食材料費を公費負担としている自治体も増えている。

公費と私費の負担区分については、1974年に都道府県教育長協議会がまとめた「学校教育に係る公費負担の適正化について」では、「学級、学年、学校単位で共用または備え付けとするものの経費」「その他管理、指導のために要する経費」は公費負担とすべき経費、「児童・生徒個人の所有物に係る経費で、第一に学校、家庭のいずれにおいても使用できるもの。第二に学級、学年特定の集団の全員が個人用の教材・教具として使用するもの」「教育活動の結果として、その教材・教具そのもの、またはそれから生ずる直接的利益が児童・生徒個人に還元されるものに係る経費」は私費負担とすべき経費とされている。

ＰＴＡ会費は、組織を維持し運営するための運営費と活動費に区分され、ＰＴＡの運営と活動のために使われるべきお金だ。

一方で、公費で賄うべき学校の施設設備の修繕や備品の整備、教育活動として行われる学校行事などにかかる経費をＰＴＡ会費から支出している事例もある。また、教職員や学校が構成員となり、その資質向上等を目的とした教育研究団体等の分担金や負担金、教職員が参加する研修会等の資料代等、公費負担または教職員の個人負担が適当と思われる経費がＰＴＡ会費から支出されているケースもある。自治体の規程や負担区分例を参考にし、ＰＴＡ会費を本来の目的のために適切に活用しよう。

## ＰＴＡ会計からの支援を受けることが可能であると考えられる経費

学校の管理運営・教育活動に要する経費に属するもののうち、ＰＴＡが主催する事業及びＰＴＡからの要望により、部活動の充実や各学校の特色ある教育を実現するため必要な経費は、一定の条件のもとで、ＰＴＡ会計から支援を受けることが可能であると考えられる。

ＰＴＡ会費から学校が支援を受けるにあたり必要な条件として考えらるるのは、

**◉ＰＴＡからの提案（自発的なものであること）による支援であること。**

◉提案された支援が、予算額を含め会員の総意であることを確認すること。
◉保護者等に過重な負担を強いることのないよう配慮し、支援は、必要最小限度のものとすること。
◉支援後は、学校側で点検・評価を実施し、実績や実施状況等について、ＰＴＡに適切な報告を行うこと。

ＰＴＡは、保護者と教職員が、児童生徒の教育や指導のあり方、教育環境の充実等を目的に主体的に活動する団体で、学校から独立して設置されている。地域によっては、ＰＴＡとは別に、活動を体育・文化活動等に限定し、それを支援する団体が一部の学校に設置されているケースもあり、一般的には、これらをＰＴＡ等学校関係団体と呼ぶ。ＰＴＡ等学校関係団体についても、団体会費から学校への支援を行う場合には、ＰＴＡと同様の考え方が適用される事が望まれる。

## ＰＴＡ備品としての考え方

ＰＴＡ備品として利用していることを前提とすれば、学校備品の寄附・寄贈とは別の考え方になる。ＰＴＡと共用する形で学校備品の不足をＰＴＡ備品で賄うという考え方もある。

備品自体の運営・管理者はＰＴＡだが、ＰＴＡ会員である保護者や教職員以外にも利用いただくことで子どもたちの教育環境も充実させる方法で、冷水機などはその対象のひとつだろう。

消耗品である消毒液やウェットティッシュなどの衛生用品をＰＴＡで購入し、学校と共同で使用するなど、厳密に使用者が区別できない場合は寄附・寄贈とはいえない。日常的に学校運営に必要なもので、ＰＴＡ活動においても利用する物品（事務用品、手洗い用石鹸、動植物の維持費用など）についても、寄附・寄贈状態が継続する場合には、公費・会費のどちらを充てるか学校側との十分な協議が必要だ。備品として提供する内容にもよるが、管理責任の面からは、ＰＴＡと学校の間で、管理責任などを明記した書類を用意すべきだ。

### 地域と連携した資源回収やバザーの売上を学校に寄附する場合

地域の団体と連携するなどして地域住民から得た資源回収やバザーの売上（の一部）を学校に寄附する場合、ＰＴＡ会費から寄附するのではないので、ＰＴＡ予算書に明記して会員の承認を得る必要はないが、寄附の対象や形態などに配慮した上で、イベント開催要綱等に収益の活用方法を明記するなどは必要だろう。もちろん、寄附にあたっては、ＰＴＡ・地域の方々に関わらず、資源回収やバザーの参加者が本人の自発的な意思に基づいて参加していることが必須である。

### 学校に寄附をする場合の手続き

児童や生徒により良い教育環境を整えるために善意の寄附をする場合には、予算・決算総会等で承認をとり、「寄附採納」の手続きを行う必要がある。寄附採納の手続きをしていない場合、ＰＴＡ所有物の扱いになるため、将来の買い換えや修理、廃棄などはＰＴＡの責任において行うことになる。特に、ＰＴＡによる寄附・寄贈の備品などで事故が起こった場合は、ＰＴＡが管理責任などを問われるケースもあるため注意が必要だ。

　地方財政法第4条の5では、「地方公共団体は他の地方公共団体又は住民に対し、直接であると間接であるとを問わず、寄附金（これに相当する物品等を含む。）を割り当てて強制的に徴収（これに相当する行為を含む。）するようなことをしてはならない。」と定めている。

　1967年（昭和42年）の東京都教育委員会の通達では、「従来、父兄を主たる会員とするPTA、後援会、その他の団体から、学校後援のための寄附が行われてきた。こうした慣習は、往々にして、強制にわたる懸念もあり、一方このたびの措置により学校運営費が確保されることになるので、今後はこの種の寄附は受領しない」とある。

　法律面からも「公立学校は住民に対し強制的に寄附金を徴収してはならない」という点は明白だ。一方で、純粋な寄附行為には問題はない。

　PTA予算での学校への寄附・寄贈での論点になるのは、PTAによる寄附行為が、任意加入の条件のもとPTA会員による自主的なものかどうかという点だ。また、学校教育法第5条は、「学校の設置者は、その設置する学校を管理し、法令に特別の定のある場合を除いては、その学校の経費を負担する。」となっており、PTA予算で学校に寄附・寄贈して良いものなのかどうかも確認が必要だ。

### 学校徴収金の適正な処理

ＰＴＡ会費を諸費用と併せて「学校徴収金」として学校が一括で集めている例がある。事務的な効率性の観点から一定の合理性はあるものと考えられるが、ＰＴＡは学校とは別の団体であるにも関わらず、学校がＰＴＡ会費を集めることについて、保護者への明確な説明がなく、学校においても「以前からこのように行っている」と認識しているようなケースの場合は問題がある。

このような「慣習」としての学校とＰＴＡの関係性を続けることは、業務委任関係やそこから生ずる義務などについて、相互認識のずれが生じる場合がある。

例えば、保護者に加入意思を問う前に、保護者からＰＴＡ会費の引き落としをしてしまうなどのケースは、ＰＴＡと学校の間で業務委任契約を締結し学校側が受任者として必要な注意義務があれば防げる事例だろう。

ＰＴＡ会費徴収に関するＰＴＡと学校との委任関係のあり方などについて、当事者であるＰＴＡの独立性を考慮すべき点もあり、学校とＰＴＡとの間で改善していくことが本来の姿だが、自主的な改善が進まない場合は、自治体による対応も必要になってくるだろう。

## 5 活動目的の明確化と活動の見直し

### 活動の目的は子どもの笑顔？

従来型のＰＴＡの活動に対する批判の大きな原因は、当初の活動の目的が忘れ去られているにも関わらず、活動だけが引き継がれ、強制的にやらされていると感じられる点にある。

ＰＴＡ組織や事業などについての役員からの説明には「子どもの笑顔」はよく出てくるが、実際会員全体に「何を目指して活動するのか」を共有してもらうには、あと一歩踏み込んだ具体的な説明が必要だろう。

ＰＴＡの目的や性格については、１９６７年（昭和42年）の社会教育審議会報告「父母と先生の会（ＰＴＡ）のあり方」に「児童生徒の健全な成長をはかることを目的とし、親と教師とが協力して、学校および家庭における教育に関し、理解を深め、その教育の振興につとめ、さらに、児童生徒の校外における生活の指導、地域における教育環境の改善、充実をはかるため会員相互の学習その他必要な活動を行なう」とある。

このように、ＰＴＡ活動の原点は、子どもたちのために保護者と教職員が話し合う場であり、その先に教育課題の共有や解決、学びと交流、地域との関係づくりなどがある。また、ＰＴＡは、社会人である保護者の学びの場でもあり、学びや交流を行う社会教育関係団体とされる側面もある。

一般的にＰＴＡ活動の目的として会則等で掲げられる事項としては、児童・生徒の健全な成長、保護者の成長や親睦などがあるだろうが、この会則・規約における目的の明確化という作業をおろそかにすると、会員全体での目的意識の共有が散漫となり、活動の混乱や迷走につながりかねない。改革にあたっては、まずはじめにこの点を議論することをお勧めしたい。

現在ＰＴＡで行われている活動は、古くから続くもの、最近始めたもの、いずれも保護者と学校の話し合いの中で、子どもたちのために必要だとしてスタートした活動だ。「ＰＴＡ＝活動」と考える保護者が多い中で、働き方や社会環境の変化に応じたＰＴＡ活動のあり方について、今一度考えてみる機会が必要だろう。ＰＴＡ本来の意義である「子どもたちのために保護者と学校が話し合う場」に立ち返り、現代の保護者が、ボランティアとして、子どもたちのために何をすべきかを考え、「できる人が、できる時に、できる事を」というＰＴＡ活動の原点を考えたい。

## 活動内容の透明化とＩＴ活用

会員が委員を引き受ける時「やれる範囲でやればいいんです、誰でもできます」と言われたものの、現実は全く違ったということは従来のＰＴＡではよくあることだろう。

ＩＣＴなどの利活用により、業務内容の共有や業務量の可視化は、以前に比べ格段に手軽にできるようになった。各保護者が持つスキルを活かせる機会の情報が提供され、裁量の範囲が明示されていれば、「役に立ちたい」と思える方が増えるかもしれない。

ボランティアとはいえ、かけている時間（労力）に対して得られる成果が妥当かと議論になる事業もある。ウェブフォームによるアンケートやボランティア募集、オンライン会議の導入や、書類の紙からＰＤＦへの切り替えなど、できることから導入していくこと、前例踏襲にこだわらず、各事業の目的を考え、他の手段がないかなどの検討も必要だ。スマホを使っていない方がいれば、その方に配慮するなどして、できる部分からＩＣＴを導入し利活用していくことは、活動における大きな負担軽減につながる。

ＰＴＡ活動の可視化のために、ＰＴＡの日頃の活動を、会員に対して知らせる広報ツールを活用しよう。ＰＴＡ活動が見えることで、活動の目的や意義が保護者に伝わり、活動への共感が生まれ、つながりが生まれる。

ＰＴＡが掲げる活動目的にもとづき、課題や目標など、ＰＴＡとしての独自の考えを発信するだけでなく、保護者に問題を提起し、考えてもらうことが大切だ。学校の行事紹介にとどまらないように、楽しい中にも、ＰＴＡ行事や家庭・地域・学校について考える内容を読者に提供し、魅力ある広報物づくりを目指そう。

見える化を進めるには、紙の利用だけでは難しい。タイムリーにかつコストをかけずに、きめ細かな発信や配信をしていくためには、ＩＣＴ活用は必須だ。

## ＰＴＡ会費の集金方法を見直そう

会員からの会費集金はＰＴＡ役員の負担の一つだ。従来の紙封筒による現金集金は事務量が多いことから、今後はキャッシュレス集金が主流になっていくだろう。それには口座引き落とし、コンビニ払い、クレジットカード払いなどいくつかの方法がある。

学校給食費などの公会計化の流れが進む中で、自治体によって対応は異なるが、学校徴収金とあわせてのＰＴＡ会費の徴収が難しくなるケースも多くある。本来、ＰＴＡは学校とは別個の独立した団体であり、従来から指摘のある学校と一体化した後援会的な性格から脱皮し、望ましいＰＴＡ像を確立し、事務的にも独立した団体として活動することが期待されている。

決済システムの導入にあたって、自治体や学校のシステムとの連携を検討する場合は、業務委任契約も必要になる。決済代行業者を利用する場合は、指定フォーマットにあわせてデータを作成する必要があり、口座振替の場合は保護者からの口座振替依頼書の収集業務が発生するため、キャッシュレス化をするにも周到な準備が必要だ。未納者への督促の必要性、システムを利用できない会員への対応方法、システム利用料や決済手数料なども検討した上で導入したい。

## 活動に柔軟性を

長く続けてきた活動なども、前例踏襲にこだわらず、活動方法などの見直しに取り組むべきだ。丁寧な話し合いの機会を持つことが前提だが、多くの方が課題を共有し、解決策を共に検討することで、「できる人が、できる時に、できる事を」のスタイルにふさわしい活動が生まれてくるだろう。安直に事業の廃止に至る前に、「集まった人、できる人たちだけでやる」という事業のあり方を検討してみよう。

従来の常設の委員会制をやめ、事業やイベントごとにメールやＬＩＮＥなどの連絡ツールでボランティアを募る方法に変更したＰＴＡもある。集まりが悪く実施が難しい場合は、事業そのものを見直すこともでき、より柔軟な方法と言えるだろう。ＰＴＡ本部の一部機能をボランティアセンターが分担するＰＴＡも出てきた。担い手がいない状況で、強制的に「誰か」を選ぶスタイルをやめることで、「平等な負担の目的化」から脱却しようとする動きと言えるだろう。

通学路の安全のためのパトロールなどを、保護者が都合にあわせて参加可能なエントリー方式に移行する例も見られる。地域団体の協力も得ながら見守りを実施している例もある。

教職員会員と保護者会員が協力するというのがＰＴＡの趣旨だが、活動目的にあわせて学校後援会、保護者の会、キッズサポーターなどの組織に変更する例も出てきており、広い意味でのＰＴＡの形がより多様になってきている。

ＰＴＡ規約にあった役員や委員の人数を「○○名」から「数名」「若干名」などに規約変更し、年度により柔軟性のある運営を可能にする方法もある。学級単位で1名選んでいた委員を、学級にこだわらず学年全体から選出する形式に変更することも可能だ。

## 組織に多様性を

組織の多様性とは、今まで、ＰＴＡにあまり縁のなかった方を含め、様々な保護者が活動に関われる組織づくりのことだ。具体的には、保護者がスポットで気軽に参加できる活動や、ＩＣＴを利用したタイムリーな運営などがある。また、活動の意義や目的の見直し、新たな活動の開始なども、様々な人を呼び寄せるきっかけになる。

活動の柔軟性を目指す際には、効率性の重視だけではなく「続けたい人がいるかも」の視点も重要だ。少数の方からでも必要とされる活動であれば、少ない協力者でも運営できる形式に変えていくなどの工夫も必要だ。

例えば、紙のベルマーク活動は、主流がウェブに変わりつつあるが、プリンターのトナーでポイントを集めている学校もある。少数の方でも協力者がいるのであれば、活動のあり方を再定義して活動継続を検討してみることも必要だ。組織として、効率化と多様性のバランスを考え、時間をかけ活動の見直しを続けていく必要がある。

また、地域によっては会長がほとんど男性、ほとんど女性など、伝統的な習慣がある場合もある。もし、「会長の性別は○○、○○委員の性別は○○」という性別によるしきたりがあるのであれば、今一度、見直しをしても良いだろう。

**ベルマークは実情に合った方法を選択しよう**

食品や飲料水、文房具など、様々な商品のパッケージに付いている小さなベルが目印の「ベルマーク」。マーク集めは、誰もが気軽に参加できるボランティアとして、ＰＴＡで長年にわたって定着してきた。

ベルマーク教育助成財団によると、すべての子どもに等しく、豊かな環境のなかで教育を受けさせたいという願いをこめて１９６０年に始まった。ＰＴＡなどによるボランティアで生み出された資金（ベルマーク預金）で学校の設備や教材を揃え、さらに国の内外でハンディを背負いながら学んでいる子どもたちに援助の手を差し伸べる、マーク集めから始まる誰でも気軽に参加できるボランティアだ。ベルマーク運動は、学校（ＰＴＡ、児童・生徒）、企業（協賛会社、協力会社）、ベルマーク財団がスクラムを組んで進める。

ベルマーク運動には、「自分たちの学校づくり」と「お友達への教育援助」の2つの機能がある。「協賛会社」が商品に付けているマークを登録参加のＰＴＡなどが集め、整理・計算して財団に送ると1点が1円に換算されてベルマーク預金になる。その預金で自分たちの学校に必要な教材や備品等を購入でき、また購入金額の10%が自動的に寄附され、へき地の学校や特別支援学校、被災地の学校支援にまわるしくみだ。ベルマーク教育助成財団の２０２２年度事業報告書報告によると、参加団体からの一年間の検収点数は、2億９９０６万点（２０２３年3月末）となっている。

近年利用が広がっているのがインクカートリッジの回収とウェブベルマークだ。インクカートリッジの回収はマークの切り貼りの作業はないが、カートリッジの発送等の作業は残る。ウェブベルマークはネットショッピングの広告費を利用する、新しいベルマーク運動の形だ。ウェブベルマークサイトを経由してから各ショップの商品やサービスを利用するだけで、自己負担なく支援金を生み出すことができる。ネットショッピングがベースとなるので、支援する学校（例えば子どもが在籍する学校など）の指定が必要だ。支援校を指定しない場合、被災地の学校などを支援することになる。収集や集計などの面倒な作業は無縁になり、対象商品が多いから点数を貯めやすい、モノだけではなくサービスも対象になっている、カード会社やショッピングサイトから個人に付与されるポイントには影響がない、といったメリットがある。

それぞれの実情にあった方法を考え、ポイント収集の状況を協力者に報告することで活動の効果や意義を感じてもらえるようにしたい。

## 6 個人情報保護体制の整備

### PTAも個人情報保護法の適用対象

個人情報の取り扱いについて定めている「個人情報保護法」は2017年に改正、2019年より施行された。改正前の個人情報保護法は、5000人以下の個人情報を取り扱う事業者は法の対象外とされていたが、改正に伴って人数制限がなくなり、PTAも個人情報保護法の適用対象となった。個人情報の取得・利用、保管・管理はもちろん、個人データを第三者に提供するときなどの配慮、事故対策などにも対応が必要な時代となっている。

既に多くのPTA団体が、個人情報の適切な取り扱いに関する規則の制定、関係者への研修、セキュリティソフトの導入など、何らかの対策を行っているのが現状だが、具体的な対策内容及びその徹底の在り方については、団体により異なる現状もある。実際に事故が起きた時に、適切な個人情報取り扱いだったと言える運営が必要だ。

現状の対策に課題がある場合は、まず、現状の対策状況を確認し、年度内に目指すべき、個人情報保護対策の目標設定が重要だ。目標設定にあたっては、PTA団体として取り組める対策を洗い出し、優先順位をつける必要がある。最も重要なことは、物理的なセキュリティ対策やルール作りより、個人情報の取り扱いに関わる方のコンプライアンス意識だ。この点は、学校も含め、役員など関係者での話し合いや学びの場が必要だろう。

### 任意加入徹底に合わせて個人情報取り扱いに関する同意取得を

入退会届を整備し、入会届を配布する際には、同一書類として「PTA入会届・加入確認」と「個人情報取り扱い同意書」を配布する、もしくは入会届において個人情報取り扱いに関する同意を取得することが重要だ。

PTA入会届については、任意加入という性質上当然のことながら、加入する・しないの選択方式を取らず、加入する方のみ署名をいただく形式とする必要がある。

## 7 上部団体や地域団体との関係の見直し

### PTA連合会の使命は単位PTAの活動支援

保護者が関わるのは子どもが通う学校のPTA（単位PTA）だが、各学校のPTAの上部団体として市区町村単位、都道府県単位でのＰＴＡ連合会（Ｐ連）があるのが一般的で、さらにその上の階層には日本ＰＴＡ全国協議会（日Ｐ）がある、というピラミッド構造になっている。

一般的には、上部の団体の運営資金の一部は、下部組織からの会費で賄われている。最終的には、都道府県のＰＴＡ連合会が、日Ｐに加入している場合、収められた会費の一部から子どもたち一人につき年10円を会費（分担金）として日Ｐに納めている。２０２３年10月現在、日Ｐの会員規模は約７５０万人となっており、会費（分担金）による収入は約７５００万円となっている。加入団体からの会費（分担金）以外にも、地域のＰＴＡ連合会が、安全会や団体補償制度などを運営している場合、事務手数料や制度運営金などの収入がある場合もある。

ＰＴＡ連合会の果たす役割としては、保護者やＰＴＡリーダーを対象とした情報共有・研修の機会を提供すること、地域や行政に対し、単位ＰＴＡだけでは難しい情報発信や提言を行うことなどがある。単位ＰＴＡの活動を支援する立場と言えるだろう。

昨今では、全国組織・都道府県・市区町村単位など、上部団体を退会し独立して活動する単位ＰＴＡが少しずつ増えている。上部団体から退会する理由としては以下のようなものがある。

◉上部団体への会費（分担金）が負担になっていること
◉支払った分担金が適正に還元されないと感じていること
◉上部のＰＴＡ連合会の充て職による活動そのものが負担なこと
◉上部のＰＴＡ連合会の活動内容に意義を感じられないこと

## ◉上部のPTA連合会を退会しても困る事がないと感じたこと

本書でも紹介する東京都PTA協議会も、2023年4月より上部団体に依存しない独立した形での活動をスタートしている。

PTA連合会における現状や課題は地域により様々だが、市区町村のPTA連合会の重要な役割の一つは、単位PTAの上部団体ではなく地域の単位PTAの集まりとして、単位PTAの運営上の相談に乗ったりなど、情報共有、情報交換の機会を提供することだ。また、単位PTAに、会費（分担金）が発生しているのであれば、単位PTAの活動や運営に対しての直接的なサポートが行える組織であることも必要だ。一方、都道府県のPTA連合会の重要な役割は、市区町村部の代表者が集まることだけでなく、より専門性のある情報発信や支援、規模のメリットを活かした各種事業を行うことだろう。市区町村のPTA連合会が、情報発信や支援、事業によりサポートされている、メリットがあったと実感できることが、上部団体への加入理由になる。PTA連合会として、単位PTAの求めているものは何なのかを問い直すことから始めなければ、単位PTAの退会はこれからも続くだろう。

本書の編著者である全国PTA連絡協議会の役割は、いわゆる上部団体としてではなく、各地域のPTA団体とのフラットなつながりを前提として、単位PTA、PTA連合会の活動をサポートすることだ。具体的には、単位PTAやPTA連合会が使いやすい情報の共有や、PTA活動支援、IT導入支援を主体とした事業を進めており、会員登録の有無に関わらず、必要なサービスを選んで活用いただくことで、活動の負担の軽減やよりよいＰＴＡ活動の実現につながればと考えている。

## コミュニティスクール（学校運営協議会制度）について

地域と学校が共によりよい学校をつくるための「コミュニティ・スクール」（学校運営協議会制度）を導入する学校の割合が、全国の公立学校の5割以上を占めるようになった。

コミュニティ・スクールとは、学校運営協議会を設置している公立の幼稚園・小学校・中学校・高等学校・特別支援学校・義務教育学校・中等教育学校のことを意味する。学校と地域住民等が力を合わせて学校の運営に取り組むことが可能となる「地域とともにある学校」への転換を図るための仕組みで、政府の公共施設の総量削減・学校統廃合政策と連携しつつ、２０１７年の法律改正によりコミュニティ・スクール設置が教育委員会の努力義務となった。コミュニティ・スクールの主な役割としては、①校長が作成する学校運営の基本方針を承認する、②学校運営に関する意見を教育委員会又は校長に述べることができる、③教職員の任用に関して、教育委員会規則に定める事項について、教育委員会に意見を述べることができる、がある。

コミュニティ・スクール（学校運営協議会）については、既存のＰＴＡや学校評議員制度、地域学校協働本部（地域学校協働活動推進員制度）などさまざまな類似組織があり、屋上屋を架すものとの指摘もあるが、それぞれ各組織の目的や権限、設置者は異なる。また、「〇〇型コミュニティ・スクール」といった名称で、法律に基づかないものの、独自に学校運営協議会類似の仕組みを取り入れ、地域住民や保護者等が活発に学校運営に参画している地域もある。

コミュニティ・スクールもＰＴＡも、共に教職員と保護者・地域住民が学校に関わる活動を行う仕組みで、その目的や組織は大きく異なるが、①学校の教育環境改善のための話し合いが行われ、②ボランティア募集の受け皿となる機能を有する点において重複する部分がある。

①については、コミュニティスクールはごく少数の委員が年数回の会議で校長の学校経営の方針を承認する、といったレベルなので、実際問題としてＰＴＡのような機動性や具体性は期待できない。②については、あくまで学校発で学校のお手伝いを募集するボランティア募集の形式になるので、従来型の学校のお手伝いをするＰＴＡとは重複する部分があるが、ＰＴＡとして独自に校内環境・通学環境を改善するという目的をもったＰＴＡとは募集する内容にすみわけができてくるだろう。

コミュニティスクールは純粋に学校側の事務負担を増やすしくみであり、委員の人選によっても大きく左右される面があるが、ＰＴＡとの協力関係のあり方については、地域の実情に合わせて話し合っていくのが良いだろう。

## 8 目指すのは「参加したくなるPTA」

### PTA改革のステップ

改革を進めるには、まず仲間づくり、協力者づくりが必要だ。校長先生・教頭先生や役員は巡り合わせの部分もあるが、改革の意義や必要性を丁寧に説明することで理解をいただき、少しづつでも仲間を増やしていくことがスタートだ。

また、ＰＴＡ改革は、1年度だけでは解決できないこともある。長期の取り組みを織り込んだ仲間づくりも重要だ。

ＰＴＡ改革を進める仲間が集まれば、真っ先に取り組むべきは、任意団体であるＰＴＡとしての大前提である、任意加入の徹底や個人情報の適切な取り扱い、学校への寄附や寄贈の適切な手続き、免除理由の開示強要、未加入者の子どもへの対応など、前述してきたような法令順守（コンプライアンス）ができているのかの点検だ。「任意加入の説明」「加入の意思確認」「役員や委員の選出方法」などは、規約の改正など様々な準備が必要となり、時間をかけた対応が求められる。それらを果たした上で、活動の目的を明確に共有し、子どもたちや保護者、学校から必要とされる組織づくり、参加して楽しい組織づくりが必要である。

まずは任意加入の周知・説明を行い、法令順守の観点、担い手の負担の観点から活動の見直しを行おう。活動内容を見直した結果、年度内に全て実現できない目標があっても構わない。任意加入導入と活動内容見直しはセットで同時進行で行うことが、入りたくなるＰＴＡを目指す上で重要だ。

あわせて、ＰＴＡは任意加入の団体であることを踏まえてＰＴＡ規約の見直しを行おう。子どもたちが安全で健やかに成長するためには、教職員と保護者の連携は不可欠であることも再認識し、必要な組織はどうあるべきかを再定義しよう。ＰＴＡ活動が、自校の児童・生徒のために、保護者と教職員が自主的・協働的に進める活動となっているかどうかを今一度確認してみよう。

### 改革成功の鍵は徹底的に丁寧な説明と前向きな対話

「ＰＴＡ改革」に関する報道などでは、「スリム化」が謳われているものが多い。担い手の変化に伴うスリム化は必須だが、一部役員がスリム化そのものに熱中すると必要な要素まで失う結果につながる。事業の見直しには、目的、負担、成果などを考え、丁寧な話し合いを重ねることが重要だ。失ってはいけないことは、「合意形成のためにかける労力」だ。

活動効率や活動時間帯の見直しは、今年度限りのルールとして始めることもありだろう。まず、できる部分から着手して、メンバーが改革に取り組みやすい運営に変えていこう。前例踏襲的に「これまで指摘もなかったから、続けていただけ」ということも、少なくない。新しい方法を取り入れる場合、今までの方法を否定したりせず、こっちの方がお互い楽になるからというスタンスで、利害が共通している仲間からの提案として感じてもらえるようするなど、柔軟な対応も必要だ。

ＰＴＡのＯＢからは「私たちがやってきた活動の全否定だ」、校長や他の役員からは「面倒なことはしたくない、前例踏襲でいきましょう」などと言われる場面もあるかもしれない。

ＯＢや地域の皆様への説明には、歴代のＰＴＡが行ってきた過去の活動について、感謝と敬意をもっての対応が重要だ。その上で、ＰＴＡの担い手である保護者の社会環境の変化を丁寧に説明する必要がある。

## 多数意見の持つ力を活かそう

昨今のＰＴＡ活動においては、活動への意見や提案、不満などをお持ちの方も少なからずいるのが現状だ。しかしながら、個人的意見を反映することはなかなか難しいものの、ＰＴＡアンケートを実施することで、様々な意見の収集が可能となる。多数決が全てではないが、多数意見の持つ力は、ＰＴＡ活動のアップデートにつながる。

ＰＴＡ活動をアップデートしたいと考えても、何をすべきかわからない場合、実施しているＰＴＡ活動の各々について、人数、方法、時間、必要性など検証すべき観点からのアンケート結果があれば、改善の方向性が見えてくる。

アンケートを利用したＰＴＡ活動のアップデートが進めば、回答した人、改革を担当した人とともに満足感が高いだろう。

## ＰＴＡ改革の形はＰＴＡの数だけある

これまでのＰＴＡ活動の中には、続けてきた組織や事業を維持すること自体が目的となってしまい、本来の目的が共有されないまま、形骸化した活動負担だけが強制される、という不幸な事例が多く見られた。

本書を読む方は、この不幸な状況を何とかしたい、と考えていることだろう。大きな方向性としては、ＰＴＡは本来「やりたい人がやる」ものであること、そして「何のためにやるのか」を明確にし、時代に合わなくなった運営方針や活動内容について、話し合いをしていくことで、適法な団体に生まれ変わり、加入したくなるような魅力的な団体を目指せることは、本書で紹介する事例をはじめ、その実践例が生まれてきている。

本書の事例を読んでいただければわかるように、「どうすれば、魅力的なＰＴＡになれるか」の答えは一つではなく、それぞれの事例によって細部はかなり異なっている。いずれも、自分ごととして取り組んだ改革者たちが、知恵を結集してつくりあげた新しい時代のＰＴＡのかたちなのだ。それは地域の事情によって異なる面も大きい。法的な要請など、適正なＰＴＡになるために最低限クリアすべき条件はあるが、そこからどう魅力的な活動を展開していくかは、それぞれのＰＴＡに関わる改革者たちがつくりあげていくものだ。これからお読みいただく事例集が、その参考になれば幸いである。

# 2部

# わたしたち、こうやって変えました！

CASE 1

大人も参加したくなる活動に

# できる人が、
# できるときに、
# できることを

## 保護者と先生による楽しむ学校応援団
## 大田区立嶺町小学校PTO

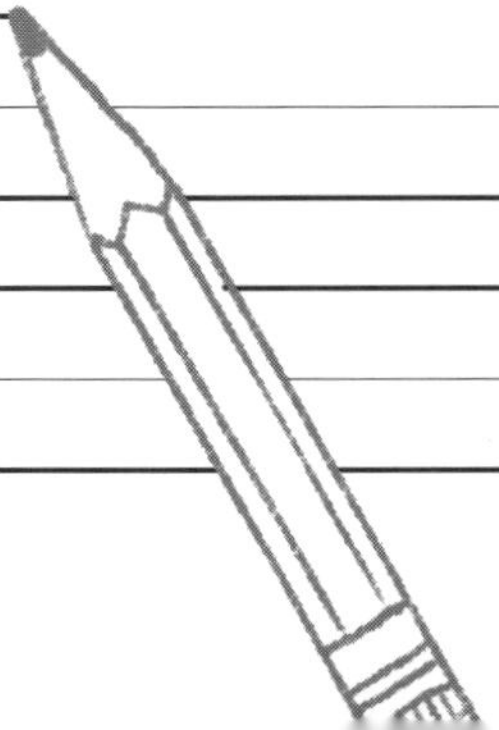

［ お話しを聞いた方 ］

久米雅人さん　第六代団長

図・写真提供　嶺町小学校PTO

かつて多くの町工場が点在していた住宅地も、今は大規模マンションの増加により、児童数も増加。嶺町小学校は多摩川沿いの自然環境に恵まれた学校で、校庭だけでなく河川敷を活動に使える。児童数は東京都大田区で2番目に多く、2024年度は850人ほど。都内ではかなり大規模の小学校だ。

嶺町小学校PTOは、先進的なPTA改革のパイオニアとして、数々のメディアで取り上げられている。地域と協力して盛んに子どもも大人も楽しめるイベントを実施しており、任意加入徹底後も加入率100%を維持していることでも有名だ。

そんなPTA改革の理想形を早くから実現している嶺町小学校PTOだが、2012年の改革前は「どこにでもある、ごく普通のPTA」だったという。

## 改革前の嶺町小学校PTA

2012年の改革までは、嶺町小学校PTAでも

◉6年間で1回の委員（各クラス6名）＋年1回の行事係という保護者の義務
◉年度初めの保護者会での沈黙の委員決め
◉会社の有給休暇を使ってベルマーク活動に動員された保護者から「お金を払うからやめさせてほしい」という声

◉小雪の降る中赤ちゃんを背負って古紙回収をする母親の姿
◉みんなが「やらなくていい」と思っている活動も前例踏襲
◉新たな活動を提案・実現するしくみがない

といった問題があったそうだ。会議にお子さんを連れてくるとみんなに嫌な顔をされることがあったり、次の年度の役員の成り手がいない時に、次の人を見つけるまでは交代できないので、推薦（選考）委員にもかなり精神的に負担があったりしたという。

初代団長の山本浩資さんは、声をかけられて会長になってみて、実社会で起きている変化がPTAでは全く起きていないことに気づき、「もしドラPTA編（もしPTA役員がドラッカーの『マネジメント』を読んだら）」を掲げて改革に取り組んだ。

山本さんが旧PTA規約を見た際、「会員は全て平等の権利と義務を有する」という文言があり、「権利はいいけれども、この平等の義務って何だろう」と疑問を持った。「義務」によって「やらないといけない」義務感、「やらされている」という強制感、あるいは「やらない人がいる」という不公平感が生まれ、ここがPTA活動のネックになっているのではないか、この三本の「や」を払拭するようなシステムをしっかり作ればPTA全体がハッピーになって入会拒否する人もゼロになるのではないかと考えた。

自発的に「やりたいからやる」という本来のボランティア活動にしようということが、PTAからPTOへの改革の根本にあると言えるだろう。

## 改革の経過

2012年には保護者へのアンケートを行い、「誰もが参加したくなるPTAのあり方」を模索した。

山本さんの思いだけで一気に改革したのではなく、アンケートを重視して、進捗を逐次会員に共有。何度も実施しながら丁寧に進めたのが特徴だ。

◉これまでのPTAは変えた方がいいのか
◉ボランティアをやってみるかどうか
◉（お試しで一年間ボランティア制にした後に）これを続けてもいいと思うか

などを何度も尋ねている。

◉なぜ見直しが必要なのか
◉PTAがなくなったらどうなるのか
◉どんな風に変えていくのか

など、配布物やPTA説明会での説明を通じて保護者に丁寧に説明を行い、保護者からの提案を採用したりしており、役員だけで進めるのではなく、保護者を巻き込んで丁寧に進めた改革であったことがわかる。

当時の副会長らは改革に疑問を呈していたらしいが、アンケートで8割

楽しむ
学校応援団
嶺小PTO

図1　楽しむ学校応援団嶺小PTOロゴ

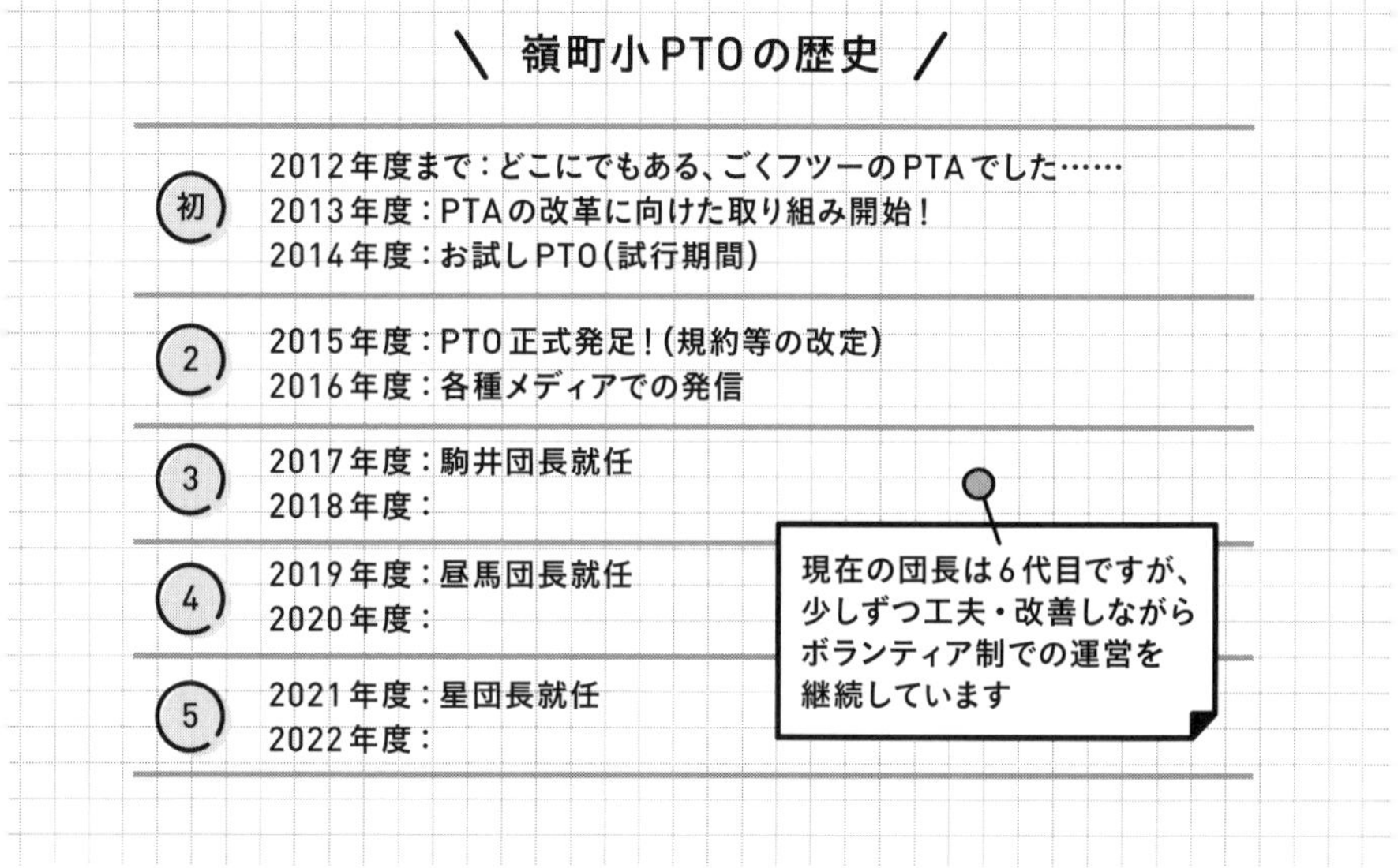
嶺町小PTOの歴史
初
2012年度まで：どこにでもある、ごくフツーのPTAでした……
2013年度：PTAの改革に向けた取り組み開始！
2014年度：お試しPTO（試行期間）
2
2015年度：PTO正式発足！（規約等の改定）
2016年度：各種メディアでの発信
3
2017年度：駒井団長就任
2018年度：
4
2019年度：昼馬団長就任
2020年度：
5
2021年度：星団長就任
2022年度：
現在の団長は6代目ですが、少しずつ工夫・改善しながらボランティア制での運営を継続しています

図2　嶺町小学校PTOの歴史

〜9割が改革に賛成しているということが根拠になり、改革の方向性に賛同が得られたという。

2013年度にはアンケートに基づいて改革に向けた取り組みを開始。

2014年度からPTAは「お試し期間」として、「楽しむ学校応援団PTO」にリニューアルし、委員会は自由参加の「部活」になることが発表された。「役員会」は「ボランティアセンター」と称し、ボランティア活動の調整や広報を担う。

役職の名前も変更した。「会長」「副会長」は「団長」「副団長」に変えた。「行事係」もその都度募集する「サポーター」に変えた。

当初は「ボラセンって何？」という反応も多かったらしいが、十数年経ってすっかり浸透して「ボラセン」でなじんでいるという。「名前から変えたというのは、組織が本当に変わったのだなとわかりやすく理解してもらうための重要なポイントだっ

た」と久米さん。

一年間ボランティア制でやってみる「お試し期間」を設けて、結果として保護者の支持が得られたので、2015年度に正式に規約改正をしてボランティア制のPTOに移行した。義務感をなくした最初のPTO総会への参加は強制ではなく、自分の意志で多くの保護者が参加したという。

活動の見直しの結果、ベルマーク集計、空き缶や段ボールの回収・リサイクル活動、校庭開放等の活動が廃止された（ベルマーク活動はその後希望者があったため復活）。

会費の使途も見直した。イベント・弔慰金・保険・ネームタグ・新入学児に配付する連絡帳・卒業証書ホルダー・周年行事積立等は継続したが、校章・運動会の参加賞・卒業記念品の紅白饅頭等は廃止した。広報紙は外注ではなく自前で印刷するようにし、サークル助成金は減額した。

できる時にボランティアとして参加でき、ボランティアが集まらなければ規模を縮小したりやめたりすることも可能という柔軟な活動は、当時としては斬新で、各種メディアからも注目される存在となった。

久米さんは2019年から2022年までいわゆる保護者の父親が集まるクラブのメンバーをやっていて、2022年度に校外担当の副団長、2023年度から団長になった。

2020年度から2022年度の3年間は嶺町小学校PTOもコロナ禍で痛手を負い、ボランティア活動はほとんどできなかった。2023年度からはどうやって活動を再開していくかが団長

＼完全ボランティア制のPTOへ！／

## 嶺町小　子供を支える組織の昔・今・未来

| | PTA<br>平成25年度まで | お試しPTO<br>平成26年度 | PTO<br>平成27年度〜 |
|---|---|---|---|
| 方法 | **義務・当番制**<br>（子供在籍の6年間で1回委員＋年1回行事係） | **ボランティア制** | **ボランティア制** |
| 担当者 | **保護者会で委員決め**<br>（決まらない場合、ジャンケン、くじ引き、欠席者がなることも） | **サポーター登録その都度募集** | **きっかけを増やして参加しやすく** |
| 運営 | **委員会**<br>（クラスごとに各委員を1名選出）<br>①学校代表・推薦<br>②文化厚生<br>③広報<br>④校外活動<br>⑤安全<br>⑥財務 | **ボランティア部**<br>（入退部、参加は自由）<br>①校外活動部<br>②安全・防災部<br>③夢マネー部 | **部の垣根をなくし行事・活動単位で運営**<br>●年間スケジュールの公開<br>●イベントファイル、ジョブリストで効率化<br>●スポット参加可能 |
| 資金 | **会費＋財務委員会の活動収入** | **会費＋夢マネー部で資金集めお試し** | **会費＋受益者負担** |

夢マネー部の企画イベントは→夢プロジェクトへ

図3　完全ボランティア制度のPTOへ

のミッションとなった。

2024年度も116家庭の新入生家庭のPTO入会拒否はゼロ。口座引き落としの件などで、何人か「団長から説得する必要がある人がいるかもしれない」と言われていたが、実際は全く大きな拒否などもなく進められているという。

## 改革に当たって重視したこと

「ボランティア」は日本では一般的に「慈善活動」とか「無償奉仕」と理解されがちで、お上やみんなのために自己を犠牲にするイメージがあるが、ラテン語のvoluntusが語源で、本来は国が危機に陥った時に、一般の庶民が国を守るために自由意志で兵隊になる「志願」という意味。改革にあたり、「やりたいからやる」ということを重視し、本来の意味でのボランティア制にしようと考えたという。

改革前は嶺町小学校PTAも義務当番制で、じゃんけんやくじ引きがあった。一年間のお試しでPTOをボランティア制に変えたり、委員会に関しても必要ないものを少なくして三つぐらいに変えたりした。これがうまくいったので、ボランティア制に移行し、行事活動単位で運営をしているというのが今のPTOだ。

PTOという名前は、アメリカのPTO (Parent Teacher Organization) から来ている。アメリカでは保護者と先生が活動する団体にはPTAとPTOがあり、全米PTA（National PTA）に属している団体のみがPTAまたはPTSAを名乗っている。「それならウチはPTOにしよう」という話になった。「従来のPTAのイメージを変えるためには、名称自体も変えないといけないという考えがあったという。PTOのOは、子どもも大人も楽しむ学校「応援団」のOだが、掛け声の「おー！」でもある。

合言葉は、「できる人が、できる時に、できることを」と掲げた。今は一般化した標語だが、十数年前にこれを打ち出したのは相当先駆的だったと言えるだろう。

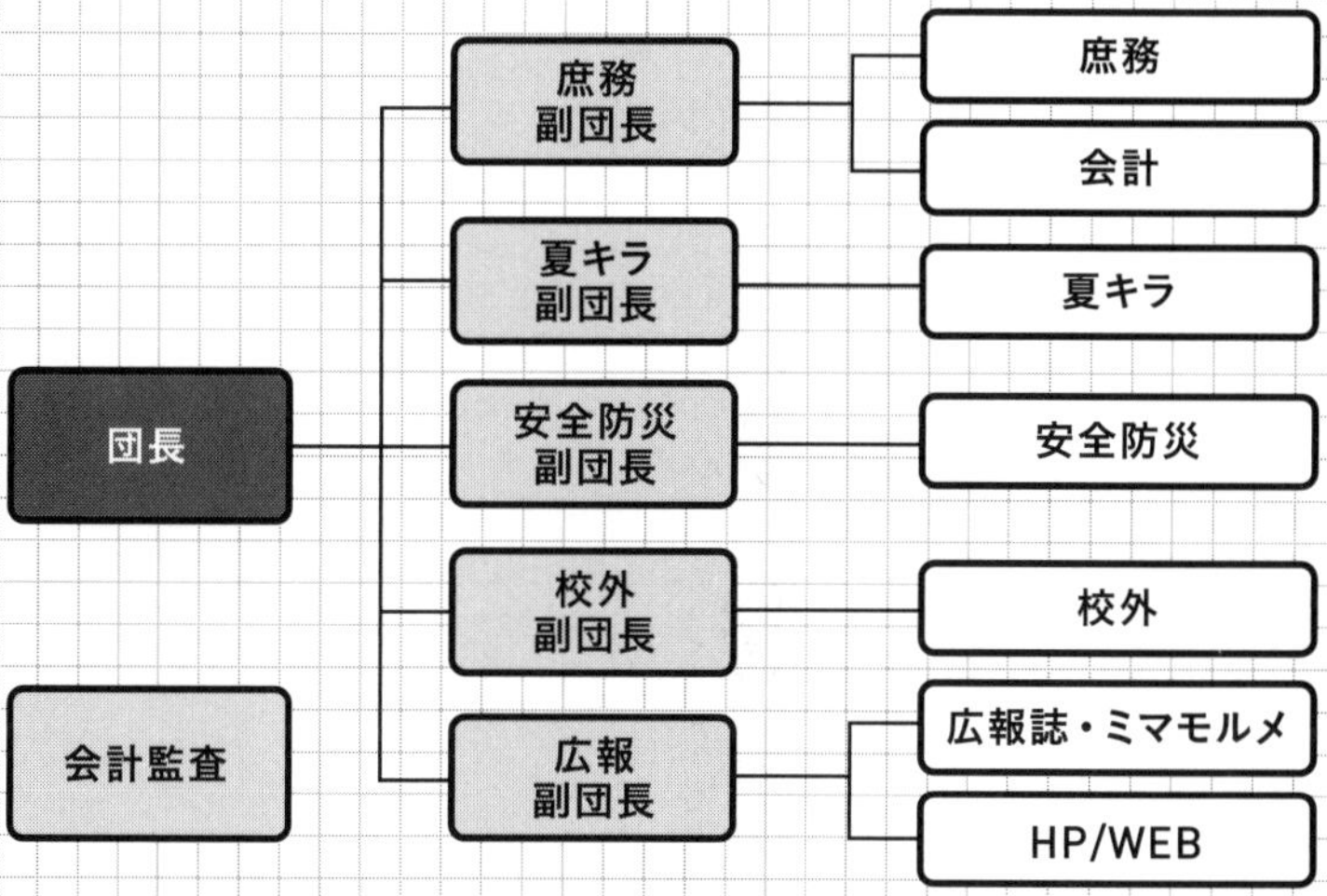


図4　嶺町小学校PTOボラセン組織図

## 改革後10年経ったPTOの組織と会員制度

初代団長の思いは、その後もしっかりと次の団長達に引き継がれ、十年が経った。今回お話をお聞きした久米さんは6代目団長だ。

現在の嶺町小学校、PTOボランティアセンター（PTO本部）は、図のような組織となっていて、42名がスタッフとして活動している。

一般的なPTAにある学年代表、学級代表などは置かず、庶務や会計といった本部機能以外は、夏のイベント「夏キラ」、安全防災、校外活動（町会関係の行事のお手伝い）、広報（広報紙・ミマモルメ・LINE・HP）担当の副団長がいる。

毎年新入生家庭に入会届を出してもらっていて、会費は年2600円（PTA時代は年3600円）だが、現在の非会員はゼロ。そして会員の内、約3割程度の保護者がボランティアでPTOの運営に参加しているという。「極端に言うと六年間サポーターやらなくても別に何か言われることはないので、特に入会を拒否する理由もないということかと思います」と久米さん。

サポーター募集のチラシを見て応募してくれる人もいれば、予定が合わないとか、子どもが小さくて難しいという方には、「都合が合うようになれば応募してください」という呼び掛けをしている。

任意加入を徹底した上で、会員組織率100％を維持している嶺町小学校PTOだが、もし非

\ 嶺小PTOの年間活動内容 /

| | |
|---|---|
| 学校支援 | 入学式・卒業式・運動会サポート、いきものがかり(夏・冬・春休み) |
| 安全防災 | 登校時の見守り、通学路のウマ出し、地域防災訓練参加 |
| 校外活動 | 町会・青少対等の地域主催行事のお手伝い |
| 広報 | 広報紙発行、メールマガジン発行、WEBサイトの管理運営 |
| 夢プロジェクト | 保護者が子どもたちのためにやりたい活動を実現!<br>例:ベルマーク、学校に泊まろう、逃走中、ハロウィンウォーク、クイズラリー、… |
| サークル活動 | 読み聞かせの会、コーラス、バレーボール、パパさんず(おやじの会) |

図5　嶺町小学校PTOの年間活動内容

会員がいた場合、その人はPTOのボランティアやサポーター、イベントに参加することはできない。記念品を子どもたちに贈呈する場合は、会員家庭でないお子さんはもらえないということになるが、実際はそういう子にも配るそうだ。

「もしPTOですらも入らないという保護者の方がいるとしたら、原因はPTOが何をやっているかを知らないだけなのではないかと思っています」と久米さん。

「加入に難色を示されたことは過去にあったらしいですが、PTOは何をやっているのか、PTOのおかげで子供たちにこういう経験をさせてあげられるとか、記念品は実はPTOで集めたお金で、子供たちのために使っていると説明をしたら、『あ、そうだったんですね』と納得していただけるケースがほとんどです。」

「PTAの内部の人が思っている以上に、ほとんどの保護者さんにとってＰＴＡはよくわからない団体なのかもしれません。だからこそ広報活動が重要だと思います。その広報ができると入らない人はいなくなるという例の一つが嶺町小学校ＰＴＯだと思います。そうやって入った人が活動を積極的にしてくれるかというのはまた別の問題になりますが、組織に対する理解を得ることが重要だと考えています。」

## イベントについて

ＰＴＯでは、必要に応じてサポーター（ボランティア）を募集して、イベントなどを運営している。

### 夢プロジェクト

ＰＴＯには、保護者がやりたいと思ったことを提案すると、それを実現できるように支援する「夢プロジェクト」というしくみがある。これにより、地域と連携した、子どもが楽しめる活動が行われている。

改革にあたってスリム化を進めるといっても、何でも廃止するのは芸がないので、保護者が子どもたちのために何かしたいというアイデアを資金や人員の面で支えるこの制度をつくった。単発企画で始めて、盛り上がったら次の年も続けたりしている。

久米さんはこの夢プロジェクトで、学校の裏に広がる多摩川の河川敷に仮装して集まって練り

## ＼ 夢プロジェクトの一例 ／

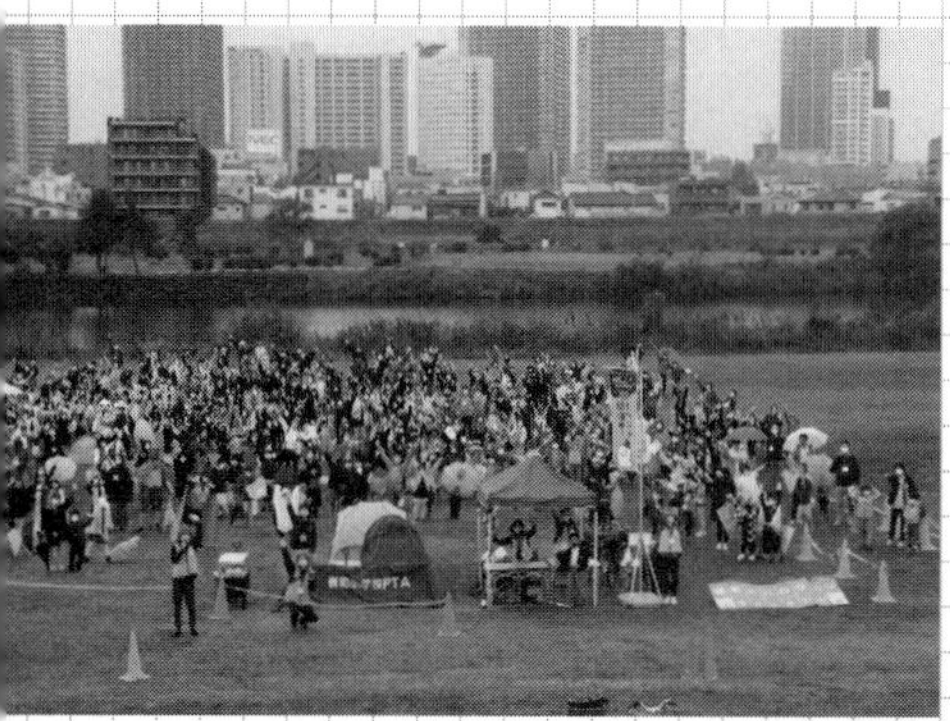

図6　逃走中、多摩川ハローウィン仮装ウォーキング、町たんけんクイズラリーなど、様々なイベントを実施

歩き、写真を撮って共有する大規模なイベント「嶺町小多摩川ハロウィン仮装ウォーキング」を提案し、三年間開催している。コロナの真っ只中で活動が全然なかった時期に、「せっかく多摩川の河川敷があるので、密にならずに歩くだけならいいんじゃない?」ということで企画した。400人ぐらい参加があり、とても好評だったことと、それによってPTO内での知り合いも増えたことが団長に推挙してもらった経緯だったのではないかとも感じているという。

例えば、ハロウィンウォーキングでは、9月末に企画して、2~3週間で準備し、大田区から河川占用許可も取り、10月末のハローウィンに実施したという流れだった。そこで配るお菓子は夢プロジェクト予算から出した。

夢プロジェクトでは、他にも「学校に泊まろう」「逃走中」(保護者と先生にスーツを着てもらって、河川敷で鬼ごっこをするイベント)や、「町たんけんクイズラリー」(町内会と連携)、「ストリートキャンプ」(町内会と連携。商店街の道に芝生を引いて追いかけっこをするイベント)、サークル活動などがある。

## 夏のキラキラスクール

夏の一大イベントとして「夏のキラキラスクール」(夏キラ)がある。大田区が学校に委託して開催している夏休みの就業体験スクールで、お父さん、お母さんが講座を開くというものだ。これによって子どもたちは、普段学校で学べないような講座を体験したり、地域の大人たちから様々なことを教えてもらったりすることができる。

### 行事の企画について

イベントや活動の量が多いように見える嶺町小学校ＰＴＯだが、コロナの際は活動が休止してしまい、一度断絶があった。コロナ後に色々な活動が復活した際にも、特に前例は気にせず新しいことをどんどんやっているという。

久米さんは次のように語る。「10年前の改革の時に引継ぎのための資料を全部燃やしたらしいんですよ。それくらい、去年と全く同じことを今年やる必要はない、という意識が基本的にあります。去年と同じことをやらなくてもいい、としっかり発言していくこと自体がリーダーの役割の一つかと思っています。「やめたことがある」という実績も大事かと思います。それでも子どもたちの思い出のために少し縮小しても同じイベントをやりたいという声があれば、どう実現すればいいかを話し合う、という感じです。」

行事の企画については、例年やってきた行事に加え、新しい行事の企画が出た際にサポーターを募り、うまく集まれば実施するという進め方にしている。

## サポーター・ボラセンスタッフの募集方法

イベントごとのサポーター募集は紙とメールの両方で行っている。作業時間と内容、募集人数を案内してQRコードからウェブフォームで応募してもらう。紙での申し込みはなくなったので、事務効率はアップした。また、メールアドレスを取得できるので、サポーターへの連絡も簡単だ。

サポーターとして参加すると特典があり、例えば運動会でサポーターの方は写真を撮りやすい特別席「S席」があったりする。保護者入場不可のイベントでもサポーターに関してはお子さんと入場できるようにしている。イベントが終わった後に「地元仲間」で懇親会をやったりゴルフやランニング、サイクリングに行ったりといったこともある。

新一年生の保護者には、「まずはお手伝いとして、興味ある活動があればサポーターとして参加してみてください」と入学式や保護者会で団長が説明している。

毎年秋に次年度のボランティアセンターのコアメンバーを募集している。募集にあたっては、アンケートをお手紙やメールで配布し、次年度の参加方法の希望を紙で全員に提出してもらっている。募集の際にはボランティアセンターの仕事内容やしくみを説明して、ハードルを下げる工夫をしている。次年度の募集用紙では、「知り合いと一緒だったらやりたい」「パソコン作業だけならやってみたい」など、様々な選択肢を用意して、できる範囲で関わってもらっている。

興味を示した方に団長が説明会を行う。ボランティアセンターの仕事について、役職別に説明し、「集まりが多いのでは？」「全部のイベントに参加しなければいけないのか？」「お父さんはいないのでは？」「パソコンができないと無理なのでは？」などの色々な疑問点を解消してもらう。２０２３年度には団長がマスコットキャラクターと会話調で話したりして「ＰＴＯってなんだろう？」という疑問に答える広報誌を発行するなど、なんとか参加のハードルを下げようとしている。

団長・副団長については、人数が足りないときは誰かにお願いしたりしている。久米さんは「できない時はどなたかにお願いできるコミュニティができていると思います。団長の仕事のひとつはその空気づくりなのかもしれません」と語る。

安全防災チームのサポーターは、通学路に旗を持って立ってもらう。これも集まった人数でできる範囲でやっている。

サポーター集めはコロナの時は苦戦したが、それでも運動会には１００人以上が集まった。

## パトロール

パトロールは安全防災のチームが担当している。通学中に危ないところに旗を持って立ったり、運動会の時に運営もしているが、稼働がそんなにたくさんあるわけではなく、毎日必ず誰かがこの場所に立たなければいけないという運営にはしていない。この危ない時間帯だけ何人募集、といった形で、できる方にやっていただいていて、それで特に問題は起きていないという。

## 情報発信

嶺町小学校ＰＴＯでは、広報紙に加え、ホームページでも、ボランセンでやっていることを写真入りで分かりやすく一般の保護者の方に伝えている。ブログや動画配信をしたらどうかという案も出ているという。

児童数が８５０人の大規模校のため、広報誌は見ていないご家庭とか、メールも読み飛ばしているご家庭も出てくるため、情報の届け方をどうするかは常に検討している。

子どもが高学年になってくると逐一ランドセルを見てプリントを確認したりしなくなる家庭もあり、保護者の携帯にメールを送ってどれだけ見てもらえるのかという問題もあって、紙とメールの両方になっているのが現状だ。

紙のチラシの場合、子どもが親に「これに行きたい」と言うことがあるので、紙のチラシも無視できないという。

メール配信のしくみは、「ミマモルメ」というシステムを使っている。全保護者が入っているわけではないが、半数以上の方が入っていて、随時登録の呼びかけをしている。

## 地域との関わり

夏まつりやストリートキャンプ、まち探検クイズラリーを地域の各団体と協力して実施するなど、嶺町小学校PTOは地域と密接な協力関係にある。団長は地域の定期的な会合に出席しているので、町会の役員さんなどにも町で会えばすぐに名前がわかるという。

嶺町小学校PTOが地域の諸団体と良好な関係を築いている背景には、町会等の地域諸団体の方々の理解の高さがありそうだ。久米さんは、「町会など地域団体の方々は、我々よりも高齢の方が多いですが、時代の変化へのご理解が非常にある方たちなのかなという印象は受けています。例年年二回だったイベントを年一回にしたいと申し出た際も、『そうなんですね。いつも頑張ってくれていてありがとうございます。また来年はできるといいんじゃない？』といった感じで対応していただけます。町会の皆様と関係を築くことで、地域としての一体感が生まれます。子どもたちもその地域の中で過ごすので、防災面からも、地域の人たちの目があることや、連携をしていくことは大事だと思います」と語る。

## 改革から10年経って ～人からしくみへ～

改革から10年経ち、改革を経験した人がいなくなっているので、改革後のPTOが当たり前になり、「嶺小はラクができるらしい」と思われている節もあるようだ。

そんな現状については、久米さんは次のように語っている。

「活動がボランティア制なのでラクだな」と思ってもらっていいと思っていますが、みんながそれだとPTOはなくなるので、適切な説明を団長が主体的にしていかないといけないと思います。最近はPTAはなくていいとか、外注すればいいという議論もある中で、PTOとしては保護者がそうしたいならそれも選択肢のひとつだよね、という感じです。僕らがやりたいからPTOを維持するのは違うと思います。外注しているのは広報誌の印刷くらいで、それ以外は自分たちでやっています。

ボラセンとサポーター、都度募集のボランティアで合わせて会員の3分の1くらいが実際の活動に関わっています。一部の熱心な方に負担が偏っていることは事実としてあると思っているので、意識して保護者会ではお伝えするようにしています。

PTOの目的は「大人も楽しむ学校応援団」です。活動の内容も量も柔軟に変えられる団体だと思いますが、改革後のPTO活動が常態化してくると、減らすということに対して躊躇してしまうとか、あるいはほとんどの人が参加しないことが前提の組織になってしまうと一部の人に負担が行きやすいので、そこは課題だと感じることもあります。共働きの家庭も増えているので、PTOの次の段階を検討していく時期と思います。

コロナ後に引継ぎが全くなかった時に、大変だから活動は無理と言われた方があって、その時は活動をお休みしてもらいました。来年できそうならまた入ってもらえばいいので。「活動を継続するのは無理です」という声が団長の耳に入る内はまだ良くて、言いづらい組織になってしまうことが非常に問題ではないでしょうか。

改革から十年経って、ボランティアも十分集まっているが、改革後のあり方が常態化したこと以上に、コロナでノウハウが断絶したことが大きいという。校外の活動はほとんど中止になったので、オンライン朝の会などいろんなイベントもやったものの、「ほとんど活動しなくても大丈夫だね」という認識が拡がってしまったと危惧している方もいるという。

久米さんは今、PTOの次の展開として、「人からしくみへ」ということを考えている。ボランティアは属人的にならざるを得ない側面があり、活動が活発なNPO（非営利団体）なども基本的には代表者の熱意で成り立っているところが多いが、PTOのように代替わりするボランティアには運営のコツが要るという。

まずは「この団体を通じて何を実現するのか」というビジョン。それと、続いてきた活動をやめたことがある、変化をして良い組織なんだ、という実績を作っていくことも一つのしくみだし、誰かを取りこぼさないようなデジタルツールを活用するしくみをつくることも重要だ。

ほとんどの家庭が共働きとなり、PTAからPTOに変わった10年前とも大きく社会が変わってきている。忙しいにも関わらずいつも活動を頑張ってくれる方頼みになってしまわないようなしくみ、頑張っている人がなぜそういう風に動けているのかの裏にあるしくみをうまく抽出して、他の人でも複数で分担すればより負担を軽くできないかということを検討している。

PTOの今後を見据えて、久米さんは次のように語った。

嶺町小学校は保護者の数が多いので、やってみようかなと思ってくれる人は必ずいるはず。その人たちにビジョンを共有してもらい、どんどん動いてもらえるようにしていきたいです。団長が誰かなんていうことはどうでもよくて、PTOという団体がこういう理念で活動しているということが伝わることが大事です。誰か1人がずっと引っ張ってしまったり（大きな変化を起こす際には重要ですが）、固定化されたメンバーだけで運営が行われていることはそうした活動の妨げになる可能性もあります。

「できる人ができる時にできることを」というビジョンも十年前にはキャッチーだったと思いますが、含意としてこのビジョンには「大変かもしれないけれど…」という前提があるように聞こえてしまう部分もあるので、もう少しポジティブな表現、リアルな現実に即したものに変えてもいいかなと個人的には思います。マイナスをゼロにしていくだけではなく、今後はこれをプラスにしていくことが大事だと思います。

PTA改革の先駆者である嶺町小学校PTO。このPTOが今後どうなっていくかが、全国のPTAの未来を考える上で重要になることは間違いない。

CASE 2

大人も参加したくなる活動に

# 「子どものため」だけでなく、保護者も子どもも楽しめる活動を

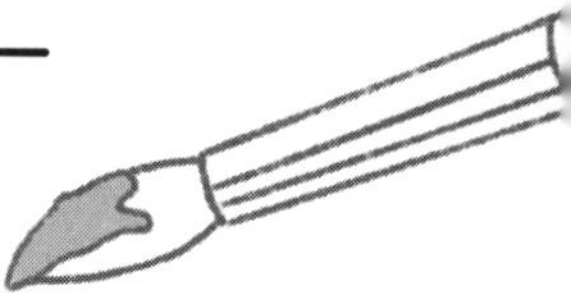

## 西宮市立上ケ原小学校PTA

〔 お話しを聞いた方 〕

| | |
|---|---|
| 阪本敬幸さん | 2019年度〜2023年度総務役員（2021年度まで「会長」） |
| 松尾蘭さん | 2019年度〜2024年度総務役員（2021年度まで「副会長」） |
| 上ケ原小学校PTA | https://uegaharasyo-pta. jimdofree. com |
| 図・写真提供 | 上ケ原小学校PTA |

## 上ケ原小学校ＰＴＡの概要

兵庫県西宮市立上ケ原小学校は甲山や関西学院大学に近い住宅地にある、児童数８００人規模の学校だ。上ケ原小学校ＰＴＡはZoomを使ったオンラインクイズ大会や、児童と大学生の交流会、講演会、ＬＩＮＥオープンチャットの早くからの活用など、先駆的にＩＴを活用したＰＴＡとして『ＡＥＲＡ』でも紹介されている。それだけでなく、上ケ原小学校ＰＴＡのウェブページを見ると、活動報告や規約類、イベント案内など情報が充実しており、なかでも運動会、おばけ屋敷、なんでも質問箱など子どもが楽しめるイベントが多く開催されていることがわかる。充実した活動を展開している上ケ原小学校ＰＴＡだが、２０１８年度までは全く違ったＰＴＡだったという。

図１　運動会の集合写真

## あまりにしんどすぎた改革前のPTA

### 強制・ノルマ・抽選・免除

上ケ原小学校PTAで改革が始まったのは2019年度。それまではよくあるパターンの強制加入、つまり特に申し込みしなくても全員扱いになり、会費も学校口座から引き落とされていた。会員には、子ども一人につき一回は委員をやるというノルマがあった。

委員が定員に足りない場合は、抽選。免除のための条件があり、免除してほしい人はその理由をみんなの前で発表しなければならない。PTAの委員募集担当者が「この人を免除してもいいと思う人は手を挙げましょう」と呼びかけ、委員が決まるまでは保護者会が終わらないという典型的な旧態PTAだった。

### 執行部は週5日学校に出勤!?

以前から上ケ原小学校PTAは地元とのつながりが強く、地元団体にはとても気を使う必要があった。総務役員たちはだいたい週に5日は誰かが学校に行っている、会長は年間100件近くの行事に出席する、という状態で、とても大変だが、総務役員を一年やれば、兄弟が何人いても委員・役員ノルマは達成、つまり一回で済む。阪本さんは「私は子ども一人だったんですけど、なかなか大変だ、すごい熱心にやってるっていう噂は聞いていいました。私は子どもが二年生の時から総務役員をやっています。一年生の時にＰＴＡのイベントには1～2回ぐらい行ったかとは思うんですけど、別に活動が本当にいいと思うとか、総務役員で参加するっていう気持ちはなかったです。会長に就いてみて、もう本当に全くＰＴＡのことを知らない立場から初めてＰＴＡの実態を見て、衝撃を受けました」と語る。

## みんなが嫌なら変えればいい

### 2019年度からの改革

負担感の大きい総務役員のなり手がいないという話を聞いていた阪本さんの職業は弁護士。「興味半分と、先輩の弁護士からＰＴＡで人脈ができて仕事につながったという話は聞いていたことから、仕事につながることもあるかもという下心も若干あり」就任した。

あまりに大変なＰＴＡ総務役員の仕事ぶりや免除していいと思う人に手を上げさせるというＰＴＡの実態を見て、「そんなにみんな嫌がってるんやったらやめたらいいやん。普通にもっと自由に参加にするように変えたらいいやん。なんでそうしないの？と単純に思った。弁護士という職業柄、人権問題として非常に問題を感じた」という。

### 総務役員の意思統一

まず、着手したことは、総務役員の意思統一。みんな同じ立場の総務役員として、「変えられることは変えていこうよ」と、呼びかけた。

最初は「う〜ん」と難色を示す人、「変えたらいいと思う」と賛成する人、「どうでしょうねえ…」という人で三分されたが、数か月間色々と話し合っていく中で、総務役員全員、「問題ある点は変えていった方がいいよね」と改革の方向性が共有でき、最初のハードルを越えることができた。

## 2019年度1学期末のアンケート

一学期の終わりの6〜7月頃、保護者に対しPTAについてのアンケートを実施。5段階評価で「負担感はどうですか」

**Q 当校PTAの各種活動を総合的に考えたとき、あなたの満足度を1〜5点で評価して○をつけてください。**（1：不満しかない 〜 5：最高に満足）

| 点数 | 1 | 2 | 3 | 4 | 5 | 平均 | 総回答数 |
|---|---|---|---|---|---|---|---|
| 回答数 | 8 | 65 | 164 | 94 | 11 | 3.10 | 342 |

図2　2019年の保護者アンケート結果1

**Q 「子供1人につき1回は総務役員か各種委員をすること」というルールがない場合、来年度以降、あなたは総務役員・委員をしてみたいと思いますか。**
（1：やりたくない 〜 5：してみたい）

【総務役員】

| 点数 | 1 | 2 | 3 | 4 | 5 | 平均 | 総回答数 |
|---|---|---|---|---|---|---|---|
| 回答数 | 293 | 31 | 29 | 1 | 2 | 1.28 | 356 |

【委員】

| 点数 | 1 | 2 | 3 | 4 | 5 | 平均 | 総回答数 |
|---|---|---|---|---|---|---|---|
| 回答数 | 195 | 59 | 75 | 19 | 7 | 1.83 | 355 |

図3　2019年度の保護者アンケート結果2

「やってよかったですか」「またやりたいですか」などを尋ねた結果、「やってよかった」という人は5段階で3・5点、「負担感が強い」という答えが5段階で4点を超えた。「またやりたいですか」についてはほとんどが「もうやりたくない」という回答だった。

「やってよかった」と言いつつも「もうやりたくない」し、「負担感は強い」と考える保護者が大勢だったと言えるだろう。アンケートの結果を受けて、いろいろ変えていこうという呼びかけをしたのが本格的な改革のスタートだった。

## 2019年7月に任意告知して退会者は2名

２０１９年度の一学期最後の7月に任意加入の告知を書面で始めた。保護者の反応はそれほど大きくなく、毎月執行部としても当然のように入退会自由である旨、毎月発行のニュースレターでお知らせしたところ、実際に退会したのは2名。２０１９年当時は「今まで通り加入す

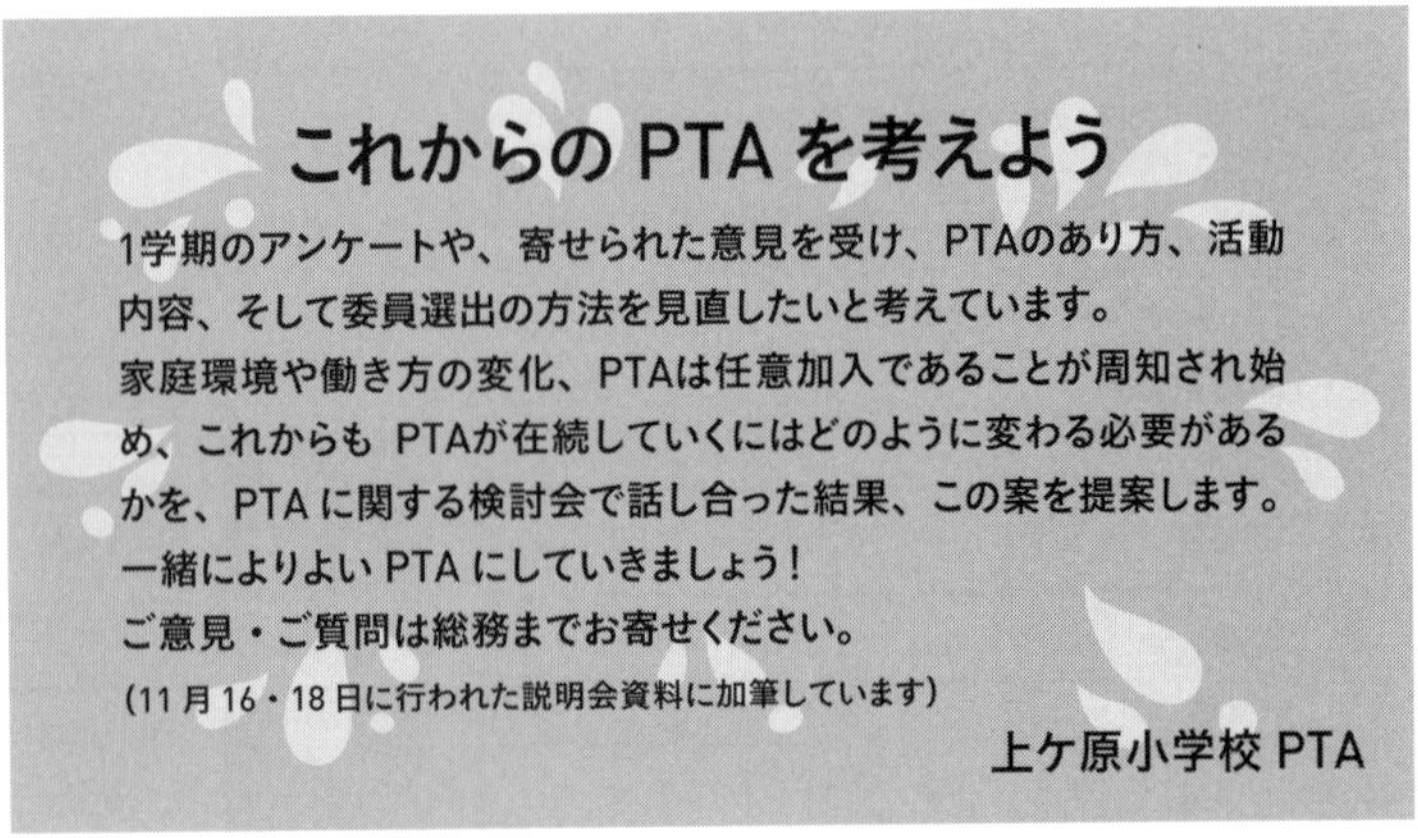

これからのPTAを考えよう
1学期のアンケートや、寄せられた意見を受け、PTAのあり方、活動内容、そして委員選出の方法を見直したいと考えています。

家庭環境や働き方の変化、PTAは任意加入であることが周知され始め、これからも PTAが在続していくにはどのように変わる必要があるかを、PTA に関する検討会で話し合った結果、この案を提案します。

一緒によりよい PTA にしていきましょう！

ご意見・ご質問は総務までお寄せください。

（11 月 16・18 日に行われた説明会資料に加筆しています）

上ケ原小学校 PTA

図4　「あたらしいPTAの形」スライド

るのが当然」という考え方だったと言えるだろう。

上ケ原小学校ＰＴＡ内ではそれほど大きな反響もなかった「任意告知」だったが、上ケ原小学校児童の大部分が進学する中学校の方で大騒ぎになっているという話が小学校ＰＴＡ総務役員にも聞こえてきたという。

## 「ＰＴＡ活動に関する検討会」（２０１９年度２学期～）

夏休み以降は、ＰＴＡを変えるための「ＰＴＡ活動に関する検討会」を立ち上げ、興味ある人、やりたい人の参加を呼びかけた。10人くらいが集まり、松尾さんもそこに参加していた。総務役員から参加者に今のＰＴＡの問題点を聞き、総務役員側の考えも伝えつつ、改革の進め方を相談した。

改革で重視したのは、まずは「負担感をなくし、保護者も子どもも楽しめる活動にすること」「法律を守ること」「会員でも非会員でも、子どもたちには差別しないこと」。

上ケ原小学校ＰＴＡの活動の目的の一番は「保護者も子どもも両方が楽しめる活動である」こと。子どものためになるのは当然だが、それだけだと「子どものためだからなくせない」とか、「無理やりやらないといけない」という話になってしまうので、「子どものためになりつつ、大人も楽しめる活動」ということを大事にした。「子どものため」というのは幅広い言葉だが、具体的に何をしないといけないと決めると、また義務感につながるので、活動内容についてはその年度の総務役員・委員が決められるようにした。

「法律を守る」のは最低限の話だが、昔からPTA活動をやってきた人には「法律はそうかもしれないけど、うちではこうなの」と、「法律より伝統が上だ」と言わんばかりの人も多かった。このため、上ケ原小学校PTA会則第4条4号では、「会員に対し、法令、本会則、その他本会の規約（本会則第7条4号により総会で定められる取り決めを言う）および細則（本会則第11条2項に規定される総務会で定められる取り決めをいう）に定められていない義務を強制し、あるいは不当な圧力を用いないこと」と、強調した。

会員の子どもであろうと非会員の子であろうと、子どもに差別的な取り扱いをすることは人権問題にもなりかねないため、「子どもへの差別は一切しないこと」を徹底した。実際に上ケ原小学校PTA会則第4条3号では、「本会の責務」として「児童を対象とする活動については、活動のための金銭的支出その他会員の負担の有無を問わず、会員・非会員その他児童の保護者の立場の差により児童の対応にいかなる差も設けない」と強調されている。

以上の方針でこれまでの問題点の洗い出しを行い、以下のような改革を実施していった。

## 会則改正で委員のノルマを廃止

2019年度の改革で一番大きな出来事は会則を大きく変えたことだ。最も重要な点は「子ども一人につき一回」の委員ノルマを外すこと。保護者の負担感をなくすため、強制的に選ぶのではなく、やりたい人がやったらいいという方式に変更した。

学年部委員が兼任していた「業間パトロール委員会」「選考委員会」「スポーツ親睦委員会」「ベルマーク委員会」「クリーンサポート委員会」活動も廃止した。

「業間パトロール」は20分休みに校内を巡回するという活動。近くの大阪教育大学附属池田小学校の事件があってから始まった。「選考委員会」は、次年度の総務役員を選ぶために候補者に電話で説得するという活動。「クリーンサポート」は学校のお掃除をする委員会だった。このように、当時のPTA委員には多くの活動があり、負担につながっていた。

ところが、「今までノルマだったから、仕事をやりくりして大変な思いをしてやってきたのに、それをなくすってなんか損した気分だ。これからの人はそういうのがなくなっちゃってずるい」「PTA活動は

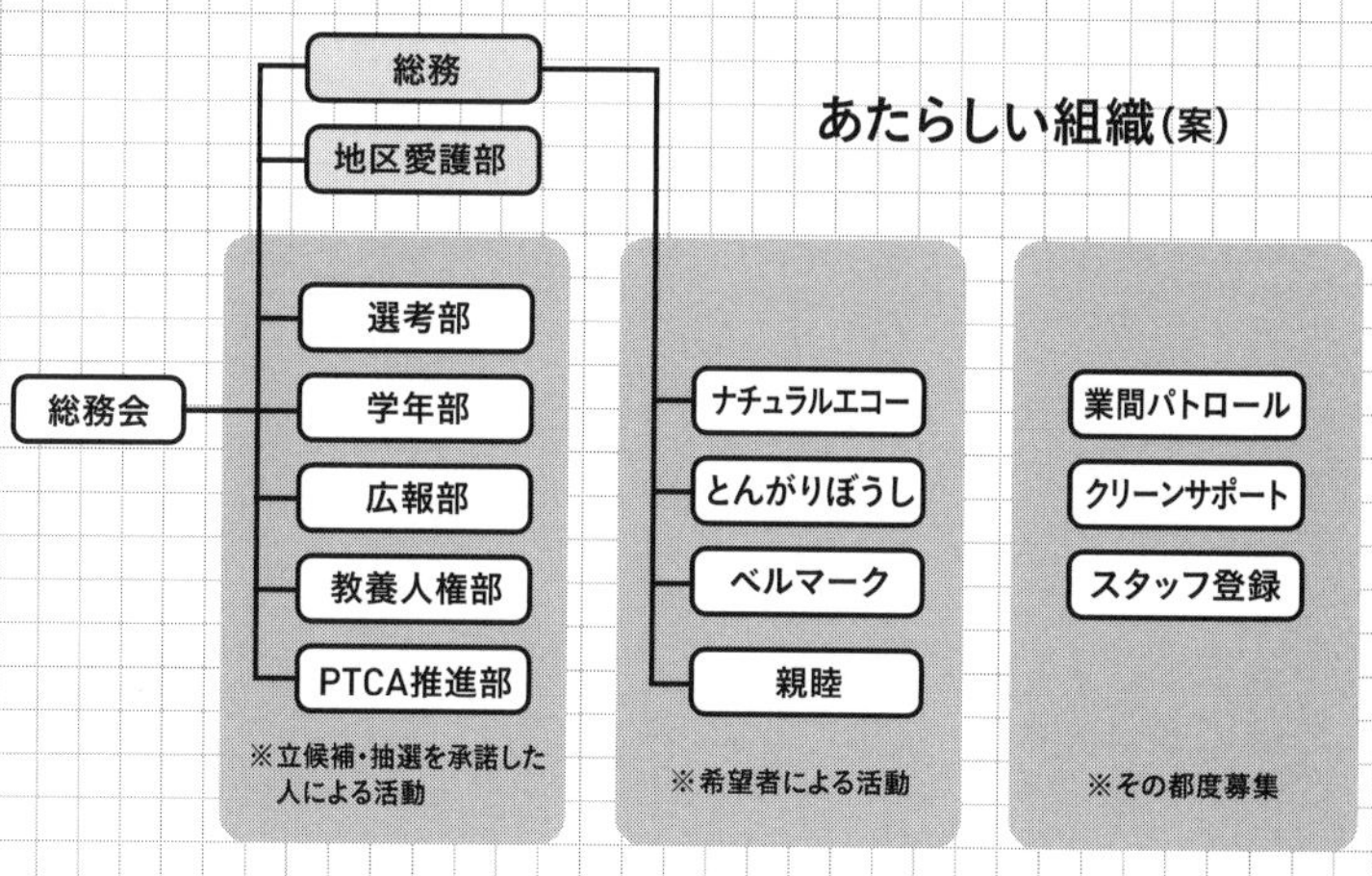

図5　各部の委員選出方法変更点

どれも必要だからこれまで続いてきた」という人も多く、こうした人への対応に総務役員は気を遣った。そんな人にも理解してもらうべく、説明会を開催して、これまでの関わりに感謝し、丁寧に説明をした。

「これからのＰＴＡ説明会」は２０１９年11月から4回開催した。そこで出た「ずるい」という意見に対しては、まず「皆さん大変でしたね。ありがとうございます。ただ、大変だったからこそ、これからの若者たちがその大変な思いをしないようにしてあげましょうよ」と説得した。

また、「そんな改革をしたらＰＴＡが続くわけないでしょ」とも言われた。「やりたくなくてもやらなきゃいけないのがＰＴＡ。自由になっちゃったらＰＴＡじゃない」と言われる方が結構いた。

そんな議論を経て、２０１９年度3学期に臨時総会を開き、委員ノルマを廃止すること等を具体化する会則改正が承認可決され、「一人一役」といった委員の強制は２０２０年度からは無しになった。

## 活動のスリム化

２０２０年〜２０２３年度まで活動内容は大きくは変わっていないが、完全に任意、立候補制にしたため、当然動かなくなる活動も出てくる。

２０１９年度には学年部、教養人権部、広報部、地区愛護部、ＰＴＣＡ推進部など、多くの部があったが、今動いているのは、先生と相談し学校行事に関連したお手伝いや保護者や子どもたちの親睦を深める活動をする学年部のみ。

広報部は、２０２０年度以降人が集まらず廃部。教養人権部・ＰＴＣＡ推進部は改革後1～2回は動いたが、その後は人が集まらず廃部。特に活動量が多かった地区愛護部も廃部とし、大幅に活動内容を削減して登校班・旗振り当番を編成するだけの係（当番表・登校班編成サポーター。後述）を設けた。「なくなったことによる支障は全くありません」と阪本さん。

## 改革後の会員制度について

### 入会届

２０１９年７月の任意告知以降、入会届は毎年新入生家庭に最初の保護者会で紙で配り、任意加入について説明し

| | | |
|---|---|---|
| 第5条（会員） | 1 | 本会会員となる資格を有する者は、以下の通りとする。<br>(1)上ケ原小学校（以下、「本校」という）に在籍する児童の保護者<br>(2)本校教職員 |
| | 2 | 前項に定める会員資格を有する者は、本会に対し入会希望意思を示すことにより、本会会員となる。入会希望意思の確認方法については、総務会決議により定める。 |
| | 3 | 会員は、いつでも、本会に対し退会希望意思を示すことにより、本会を退会することができる。退会希望意思の確認方法については、総務会決議により定める。 |

図6　会則第５条より

た上で、学校宛に提出してもらって回収している。退会も自由なので、年度の途中で退会する人もいる。

２０２４年現在の加入率は６００世帯の内93・２％。加入しない方、退会する方に理由を聞いたりはしない。任意加入であることを周知徹底すると同時に、ＰＴＡのあり方を変えることを丁寧に進めてきたからこその高い加入率だと言えるだろう。

## 総務役員・委員の選出とイベント運営体制

ＰＴＡの加入率は93％だが、総務役員以外のＰＴＡ活動の担い手は学年部委員だけ。学年部委員は1学年5〜6人くらいで、総務役員と合わせて40人くらいになる。

委員の募集の際には「やりたい方」「人数が少なければやってもいい方」を募っている。会則や総務役員等選出規則では、執行部が何度か募集をかけ、希望の部を元に配置していくことになっているが、学年部しかないため、シンプルになった。

執行部も立候補で決まる。２０２４年度は12人も立候補があった。集まりが悪ければ2回目からはミマモルメ（学校が利用するメールシステム。会員・非会員問わず全保護者に届く）を使って再募集をかけたり、興味を持っている人に個別に声かけしたりしている。

イベントは総務役員が企画する。イベントの都度ボランティアを会員から募るが、平均20人ほど集まる。

イベントについては、子どもに対しては何の差別もないが、イベント参加については非会員の保護者はお断りする場合がある。会員は運営やお手伝いのボランティアに参加する資格を持っているということだ。ただ、交通安全のための旗振り活動は非会員でも参加できるようになっており、非会員の方がボランティアに参加して、会員になるというきっかけにもなっているという。会員だからボランティアやイベントに参加できることが加入率が高い理由というよりも、活動を強制されないことが加入率が高い理由と言えるだろう。

阪本さんは「執行部が集まらなくてＰＴＡがなくなっても困ることはないと思います。しかし、あれば便利とは思います。イベントをやるにしても、ＰＴＡがなければすごく大変だと思います。子どものために何かやりたいという人が集まれる場だと思います」と語る。

保護者からは、「イベントが楽しかった」「今後も子どもが喜ぶ活動をやってほしい」という声が多く届いているという。

## 会費

改革後のスリム化で、会費も減額された。２０２４年度の会費は学期ごと５００円、年１５００円。改革前の学期ごと６５０円より安くなった。

会費の徴収は西宮市の他校と同様、学校が代行徴収している。会員情報をＰＴＡから学校に提供し、学校が口座引き落としを担当している。

## 活動の透明化とIT活用

### グーグルドライブとPTA施設予約システムの導入

IT活用の推進は、会則改正に向けた改革の議論とは別の流れで、2019年度のはじめから取り組んだ。

2019年度より前は、PCデータは全て個々の役員が所持するUSBメモリに保存していた。このため役員間でデータ共有ができず、他の役員が作ったデータは、役員が学校に集まってPCで見るしかなかった。2019年度からは、阪本さんが仕事でも使っていたグーグルドライブを導入してUSBメモリはやめにした。これにより、データ共有が容易になり、どこにいてもデータ閲覧・編集が可能となった。役員もグーグルドライブを使ったことがない人がほとんどだったが、おおむね問題なく使いこなせていた。

また、PTAの総務役員の一人に元SEの人がいて、無料で使える施設予約システムを導入してくれた。それまでは、「PTA室利用予約のためだけに来校する」といった手間がかかっていたが、ネットで予約できるようになった。

### ホームページとLINEオープンチャット

会員や保護者・教員への告知・連絡用として、ホームページを整備し、LINEオープンチャッ

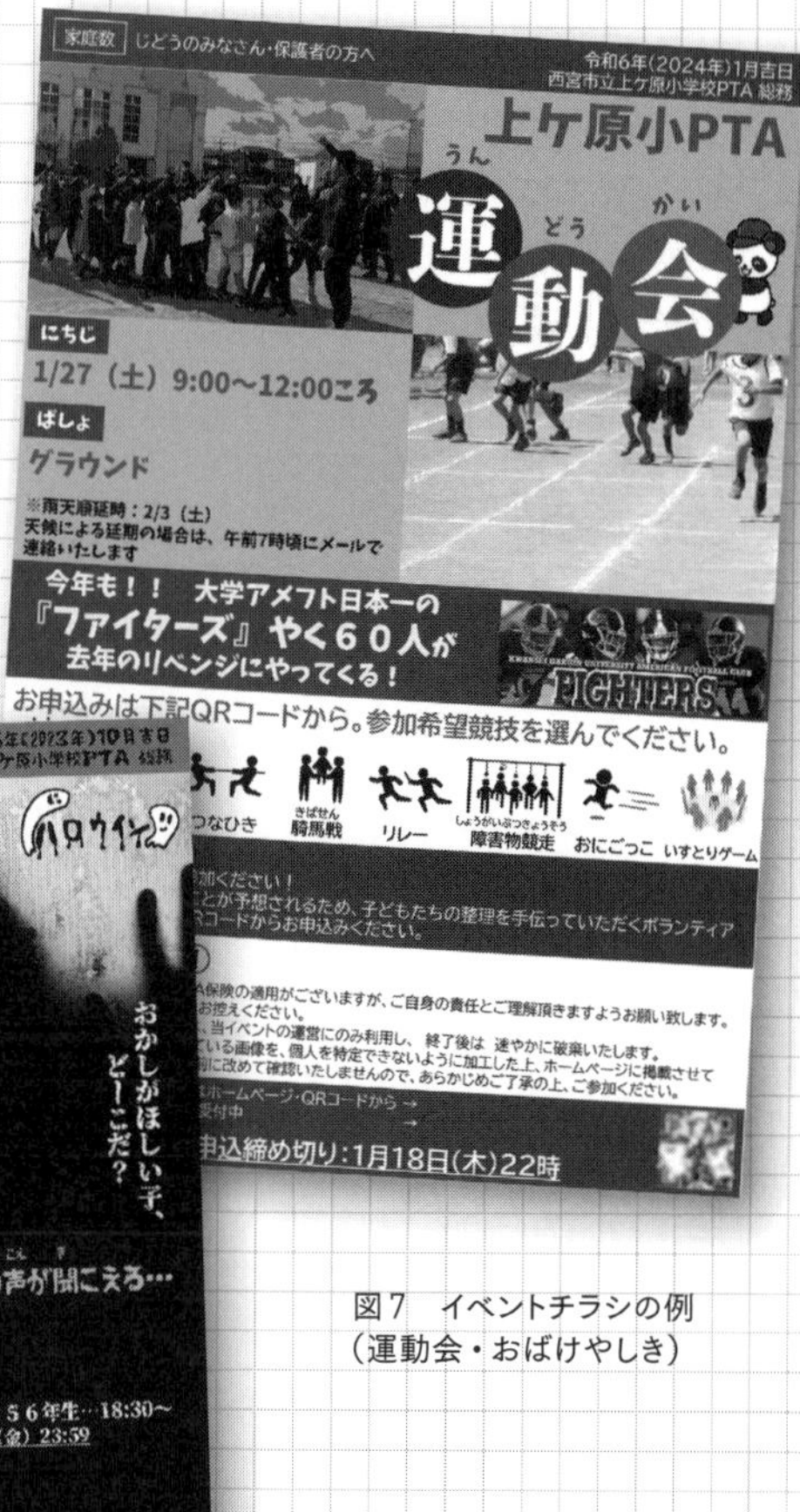

図7　イベントチラシの例
（運動会・おばけやしき）

トを導入した。ホームページには、会則類やＰＴＡ紹介はもちろん、毎月のＰＴＡ総務役員・委員の詳細な活動報告、イベント情報などＰＴＡ活動全般の情報を掲載し、活動の見える化を徹底している。

以前は紙で配布していたお手紙の大部分は、人数的には全家庭の8割に相当する約４８０人が参加するオープンチャットに移行した。ＨＰを更新すると、オープンチャットでお知らせをするようにしている。オープンチャットを経由してホームページを閲覧する人は月３００人くらいという。

コロナ禍の際も、ＩＴ化が進んでいたおかげで、上ケ原小学校ＰＴＡは、活動を止めることなく継続できたそうで、休校期間中に、Zoomを使ったクイズ大会や、無料の子ども向けオンラインサービスの紹介、学校再開が検討されていた際に保護者意見を集めるといったことができたとのことである。

子どものためのイベントや行事は毎年総務役員が企画するが、ボランティアも募っている。具体的には、総務役員で相談して実施することとされたイベントのチラシをカラー印刷でつくって子どもに配付し、ＱＲコードとウェブフォームで保護者からボランティアを募集している。イベントのボランティア参加者は大体一つのイベントで20名くらいだが、不足の時は上記の「ミマモルメ」という配信サービスでボランティア募集のお知らせを配信してもらっている。それ以外のお知らせはすべてホームページで発信しており、紙は使っていない。

## 交通安全の取り組みについて

### 登校班の旗振り活動について

登校班の旗振り活動は保護者の大部分からの要望で残していて、2024年度は13名ほどのサポーターが参加している。旗振り当番と登校班の表をつくる係（当番表・登校班編成サポーター。愛称「おとうはん」）がいる。

サポーターは会員からの立候補を優先しているが、立候補がない場合、登校班ごとに、引き受けられないと申告した家庭以外の家庭を対象に抽選を残している。

登校班の旗振り活動にとても熱心な方もおられ、低学年の親からはぜひやってほしいという要望もあるため、完全に立候補制というわけにもいかない面があるという。ただ、旗振り当番に参加したくないと言えば参加しないで済むしくみにはしている。

旗振りの参加率は悪くなってきていて、当番の割り当てが2か月に1度だったのが1か月に2度になったりと、旗振り当番参加者の負担が増えてしまうので、旗振り以外の活動が立候補制になっていることへの理解は浸透しているものの、「旗振り当番については自由にしない方が良いのではないか」という人もいるので、悩ましい点だそうだ。

**下校時の見守り活動について**

下校時の見守りについては、活動が衰退してきている。以前、完全自由参加の下校時見守り参加登録用のオープンチャットを作り、「下校時の旗振りに参加できそうな人は登録してもらい、参加できる時に予定を調整して参加してもらう」という方法を試してみたことがあった。最初の数か月は順調に運用されていたが、半年程度で誰も参加しなくなってしまい、現在は使っていない。

下校時見守りについては、やはり当番の日を決めておかないと、「今日時間があるから当番行っとこう」とは皆さん思ってくれないということが分かったので、一斉にお便りを配って下校時見守りに参加してくれる人を募ることとした。10～20人くらい登録しているが、阪本さんによると「実際に下校時見守りに参加している人は多くはなく、頻度は多くはない。もっとも、下校時見守りは、以前から週に1～2回程度しかやれていなかったので、保護者の皆さんも特に問題を感じていない人が多いのではないかと思います」とのこと。

## 難しかった地域団体との関係

2019年からの上ケ原小学校PTAの改革で一番苦労したことは、地域団体とのコミュニケーション。当時の校長先生は、地域活動の負担が減ることについて理解を示してくれたそうだが、地域団体の理解を得ることが難しかったそうだ。地域団体の一員となったPTAのOB、

ＯＧの方からもさまざまな苦言を呈されたこともあったという。

## 地域連係活動はコミュニティスクールに

地域との関わりについては、「上ケ原地区青少年愛護協議会」と「スポーツクラブ21うえがはら」という二つの地域団体が、学校・ＰＴＡとイベントをするという体制だった。以前は、地域団体が続けたいと考えているイベントなのに、ＰＴＡの役員やＰＴＣＡ推進部が必ずこれを仕切って実行するとされていたものがいくつかあった。

長年活動している地域団体の人がやった方がスムーズなので、阪本さんからは「なぜＰＴＡが必ずやらないといけないのでしょうか。そのやり方、変えませんか？」といった相談をしたものの、明確な回答はなく、理解も得られなかったという。阪本さんは、「イベント実行の負担は小さくないし、過去の総務役員も地域団体との関係にはかなり気を遣っていたはず。実質、活動強制され、同じような苦労を次のＰＴＡの人たちに味わわせるのはよくない」と考えて交渉した結果、これらの活動はＰＴＡではなくコミュニティスクール（学校運営協議会）の方でやってもらうことになった。もっとも、コミュニティスクールも、多数を占める地域団体の人が中心となり、これまで通りの活動を続けようとするため、ＰＴＡから活動を見直すような提案をしても通ることはなかったという。

今もＰＴＡはコミュニティスクールに参加しており、興味があるＰＴＡ会員はコミュニティスクールに入って活動できるようにしている。
阪本さんは地域団体との関係を振り返り、次のように語った。

もう少し、強制でない新しいPTAのあり方と、その意味について理解してほしかったと思います。活動を強制することの問題点が理解できていない人たちが、今後コミュニティスクールなどで学校に関わってくるので、強制的な何かを学校にもたらさないか?という不安があります。

「地域」という言葉も曖昧で、コミュニティスクール等の集まりに出席しているのは、地域団体の10人程度の固定メンバー。1万数千人が住んでいる上ケ原小学校区の代表者でも何でもないのに、地域の代表であるかのように扱われるのは問題があると思います。

本来、学校教育については、現在の保護者の意見が最も反映されるべきでしょう。何十年も前、「活動強制当たり前」の時代に学校保護者をしていた人の感覚は、現在の保護者の感覚とのずれも大きいと思います。しかし、長年活動に参加していればいるほど、「これまでの活動こそが正義」のような感覚になってしまう。若くて経験の浅いPTA総務役員からは、なかなか意見も言いにくいし、意見してもこのような感覚の人とまともな議論もできない。結果、地域団体のメンバーが変わるまで、彼らがやりたいと思っている活動が延々と続いてしまう。世間一般に「老害」と言われる図式が当てはまるのではないかと思います。

地域団体との関係に悩んでいるＰＴＡの話は、本当によく聞きました。コミュニティスクールを考えた人は、昔の農村のように、地域全体で子どもを育てるのが理想と思っているのかもしれませんが、現代社会では、昔の農村のような均一的な経験・価値観は乏しい。むしろ、現代社会においては、均一化の否定、変化の受容、個人主義と多様性が求められており、その傾向は都市部ほど強いと思います。もちろん、均一的な価値観を持った人だけが集まっていればうまくいくでしょうが、そうでない場合、どうするのか。

コミュニティスクールが「地域全体で子どもを育てる」ことを目的とするのであれば、コミュニティスクール参加者全員が、こうした現代の価値観を理解するとともに、最も重要かつ唯一、均一的に適用されるべき法（人権）の観点も念頭に、「自分たちがしたい活動をする」のではなく、「他者を受け入れ、自分への批判を受け入れ、変化を受け入れる」という姿勢を持つべきだと思います。

コミュニティスクールという仕組みだけつくったところで、多様性を否定し、地域団体がやりたいことをやる場になるようであれば、ＰＴＡがそれに関わる意味はありません。

少なくともPTAの任意加入は、今後全国的に当然のこととなってゆくでしょう。その場合、負担が大きい、加入する意義を感じられないPTAは、加入者を集められず縮小・消滅するしかありません。コミュニティスクールや地域団体との関係でも同様です。すなわち、コミュニティスクール参加・地域団体との関係維持に意義を感じられず、負担が大きなものであれば、PTAはそこから離れたいという話になります。「PTA総務役員になれば、コミュニティスクール・地域団体と関わることになり大変である」というのであれば、PTA総務役員になりたくないと思う人がほとんどでしょう。

このように、コミュニティスクールや地域団体の価値・負担感は、PTAの存続にも関わるものであり、ひいては地域活動の存続にも影響する可能性があります。コミュニティスクール・地域団体は、こうした観点から、活動理念・活動方法を真剣に考えるべきと思います。

## 上部団体・行政との関係

改革前の時点では、会長が出席すべきであるとされるイベント・会合が年間100件近くあったが、今は会長が外部団体に必ず出ないといけないという縛りはもうなくなっている。

西宮市ＰＴＡ協議会との関係については、松尾さんが２０２０年、２０２１年の２年間にＰＴＡ協議会担当の副会長だったので、「どんな様子なのか」「協議会を変えることもできるのでは」という考えで参加した。しかし、当時の市ＰＴＡ協議会役員は全員が前例踏襲型で話が通じず、上ケ原小学校ＰＴＡの改革にも否定的だった。役員全員を相手に一人で協議会に入っても多勢に無勢であるし、１日５時間、週に３日程度の拘束時間は覚悟せねばならず、そこまで負担しても変えることは難しいと判断した。

２０２２年３月にはホームページ上で市ＰＴＡ協議会に関するアンケートを実施し、その必要性を問うたところ、家庭数６６２に対し総回答数は１５０件（回答率22・6％）の回答があった。「Ｐ協が何をする団体か知らない」が43％、「よく知らない」が32％、「加入継続すべきでない」が62％という傾向で、「加入継続すべき」「その他」と答えた人に対して「あなたは、当ＰＴＡに

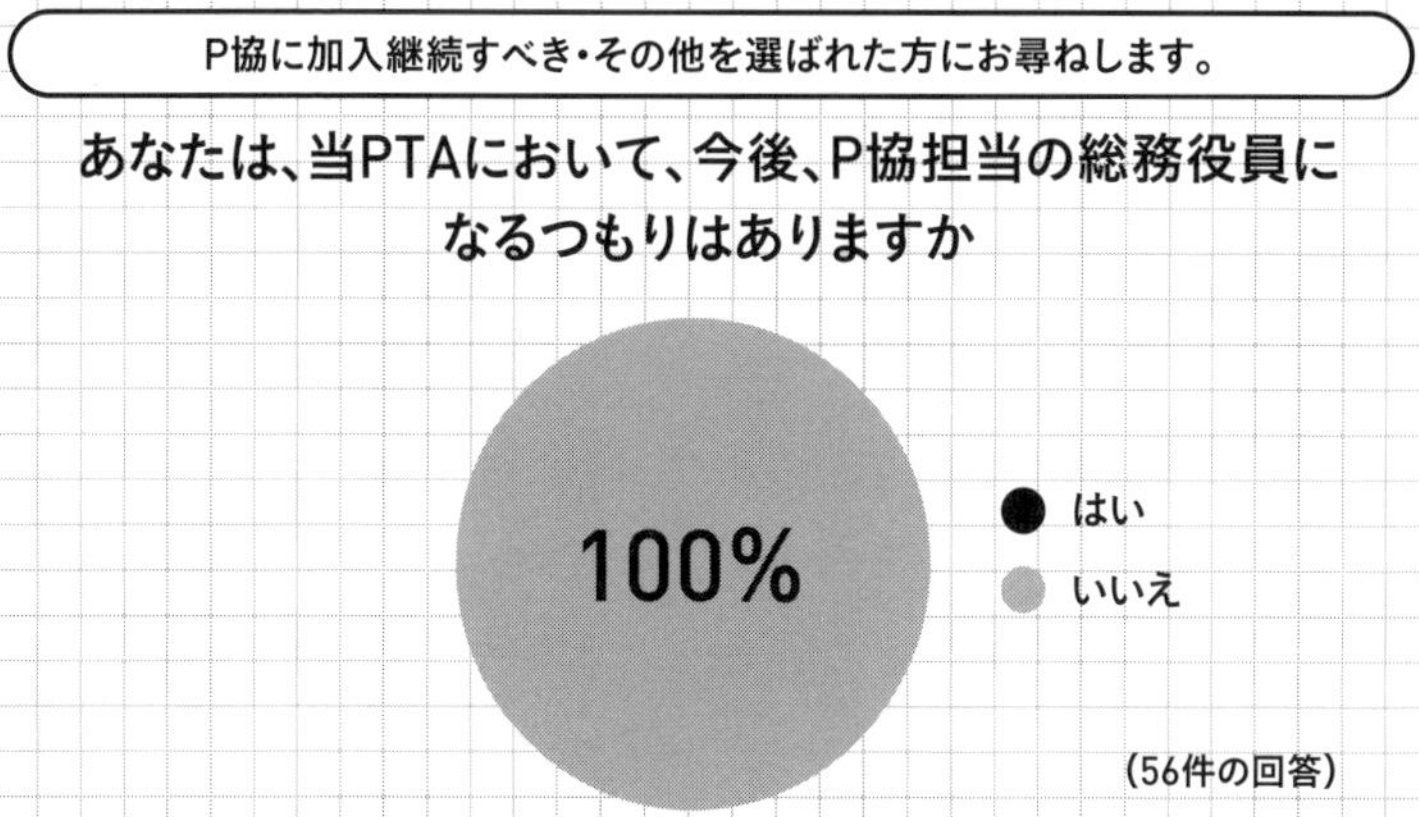


図８　PTA協議会に関するアンケート結果

おいて、今後、Ｐ協担当の総務役員になるつもりはありますか」と訊いたところ、回答者全員が「いいえ」と回答した。

こうした状況を受け、２０２２年のＰＴＡ総会で承認決議を得て、２０２２年５月に西宮市ＰＴＡ協議会を退会した。当時、市ＰＴＡ協議会経由の団体割引で「ＰＴＡ安全会」という損害賠償保険に加入していたが、市ＰＴＡ協議会退会によりＰＴＡ安全会の加入資格は失った。しかし保険代理店の紹介で、ＰＴＡ安全会と同等の保険内容かつ金額的にも安い保険に入ることができた。

上ケ原小学校ＰＴＡは市ＰＴＡ協議会から最初に退会したＰＴＡとなったが、２０２４年度には、市ＰＴＡ協議会の休会・退会を検討している複数のＰＴＡから、保険についての相談も受けたという。

行政との関係では、現在、西宮市教育委員会が各校のＰＴＡに対し、入会届を取るよう指導している。阪本さんは、「活動強制型ＰＴＡのまま任意加入にしてもＰＴＡはもたないです。『加入したら強制的に活動してもらいます』と言われる団体に加入したいと思いますか？　西宮でも任意加入にして休会してしまったところがあります」と語り、行政の指導方針には疑問を呈している。

もっとも、上ケ原小学校ＰＴＡでは、交通関係の問題点について保護者や教員の声を集約して行政に声を届けたことで、バスの運行時間が変更されたり、道路にガードレールが設置されたりした。「これは団体としてのPTAだからできたことで、PTA活動の中で達成できた大きなことだった。行政との連携も必要」と阪本さんは語る。

## 今後の見通しについて

**次の総務役員が集まるかどうか、どう変えていくかはその時の人たちの判断**

総務役員については、今後も立候補制で募集をする。集まらなければ再募集をし、「それでも集まらなければ休会となります」と伝えると、それは困ると、気にしてくれる人が手を上げてくれる状況だ。

「PTAは無くなっても困らないと思うけれど、行政や学校に対して物言える組織だし、こうした組織があるからこそ、イベント等のボランティアも募集できるので、そりゃ、あったほうが良い。危ない道路にガードレールを付けるとか、PTAがなければできません。でも、活動ができなくなったら、それも自己責任なので、仕方がないと思う」と阪本さん。

2019年度から上ケ原小学校PTAの先頭に立ってきた阪本さんは、2024年3月、お子さんの卒業と同時に退任されたそうだ。阪本さんは、今後について次のように語った。

やりつくした感はありますが、登校班、旗振り活動だけは、参加者が十分集まらず、どうしてゆくべきか悩ましいところです。安全に関わることは自由というわけにはいかないと思うので。あとは、地域団体には理解していただけなかったことも残念です。

今後については、松尾さんはじめ、今の上ケ原小学校ＰＴＡがなぜこの形になったかという点をよく理解している人が役員を続けてくれる間は、今と同じように運営されていくと思いますが、同じことをやる必要はない。その年に集まった人たちで考えてできることをやればよいと考えています。でも、昔の強制加入のＰＴＡに戻ることだけはないと思います（笑）

CASE 3

活動目的を明確に

# PTAの目的は学習環境と通学環境の改善 ぶれない改革を実現

## 高槻市立赤大路小学校PTA

［ お話しを聞いた方 ］

| | |
|---|---|
| 岩崎健一郎さん | PTA会長（2023〜2024年度） |
| 廣川靖子さん | 副会長（2023〜2024年度） |
| 図・写真提供 | 赤大路小学校PTA |

## 赤大路小学校ＰＴＡの概要

大阪市と京都市の中間に位置する郊外ベッドタウンの高槻市。その西部に位置する高槻市立赤大路小学校ＰＴＡが２０２３年度に実施した徹底した改革がＸや新聞等で話題になった。従来のＰＴＡ改革は「高い加入率を維持する」ことを重視する傾向が見られたが、赤大路小学校ＰＴＡの、任意加入徹底を優先し、ＰＴＡの目的に沿わない活動は徹底的にリストラする、ある意味で「いさぎよい」姿勢は、ＰＴＡ改革の新しい流れを感じさせるものとなった。

## 改革のきっかけ

岩崎さんは２０２２年11月、指名委員の訪問を受け、２０２３年度の会長を引き受けることになった。「平日に会議を開かなくてもいい」と指名委員から聞いたことが、引き受ける決め手になったという。

それまでに活動や予算の透明性に疑問があり、何度かＰＴＡ執行部に問い合わせをしてもまともな回答を得られなかった経験があったことから、旧来のＰＴＡに不信感をもっていたため、会長を引き受けるにあたり、ＰＴＡの必要性を問うことも視野に、既に刊行されていたＰＴＡに関する書籍等を読んで、研究を始めた。

その結果、全員自動加入の問題については、自分の名前でこれを続けることは絶対にできないと考え、実質的に加入が強制される心理的同調圧力を残すような改革ではなく、徹底した任意加入を実現する必要があると考えた。一方、当初はＰＴＡの必要性を問うことすら視野に入れていたものの、国内外の先進的な事例について知る内に、保護者会員と教職員会員が対等な立場で協力し、学校に在籍するすべての子どもたちの学習環境・通学環境の向上を目指した活動を展開し、行政サービスに不備の点があれば学校や市に対して要求を行う公益目的の純粋なボランティア組織なら存続の価値があると考えた。

２０２２年11月には教育委員会に対し、学校名簿のＰＴＡへの提供とＰＴＡによる全員自動入会について問い合わせし、２０２３年２月に学校管理職と面談。任意加入の徹底をはじめとする改革について合意を得た。スリム化した場合の予算や、規約改正案、入退会届の整備などを検討し、２０２３年３月から新役員に改革方針を説明して賛同を得て、２０２３年４月から改革が本格的に始動した。

## 改革の工程

２０２３年４月はじめに、任意加入を徹底し入会届を整備することなどを書面「今後のＰＴＡ活動についての説明会開催のお知らせ」で周知し、４月中に説明会を３回（参観日に合わせて平日２

回、土曜に1回）開催した。全家庭に配布した同書面では、「個人の自由な意思により加入する団体であることを明確化し、入会届を整備する」「学級懇談会では学級委員決めをしない」「説明会の模様は後日報告する」「PTAに必要な個人情報はPTA自身で収集し、集めた個人情報はPTA個人情報取扱規則にそって適切に管理する」「PTAは全赤小児童の学習環境・通学環境改善を目的とする公益目的団体である（公益目的だから学校施設の使用が許されている）」「会員の自発性と創意を最大限尊重する体制に転換する」「保護者の過剰な負担を排し、運営を透明化する」ことを強調した。従来のPTAに対する印象を変えるにはそれだけのことが必要だったということだろう。

3回の説明会で約250人が参加し、そこで出た質問はすべてウェブページで役員の回答とともに公開した。説明会に参加できない保護者・教職員向けには、説明・回答資料をウェブから閲覧できるように書面でQRコードを配布し、とにかく保護者・教職員への説明には万全を尽くした。会員・保護者の声を直接執行部に届けるためのウェブフォームのQRコードとPTAのGmailアドレスをPTA配布物に掲載し、双方向のやり取りができるようにした。保護者からの疑問には、すべて役員会で検討の上、会長が直接回答した。

保護者から出た質問には、「PTA規約に入会届や退会届についての規定がないのに、なぜ今整備するのか」というものもあったが、任意加入の徹底は一刻も早く対応すべき法律上の要請であり、また既にPTA個人情報取扱規則で個人情報を収集する際は必ず同意が必要である旨規定していたので、総会での規約改正を待たず入会届・退会届を整備し、追って総会での規約改正で反

## 改革の経過

| | | |
|---|---|---|
| 2022年 | 11月 | 新役員候補が指名委員の訪問を受ける。教育委員会・市議との連絡開始 |
| | 12月 | PTA本で学習 |
| 2023年 | 1〜2月 | スリム化した場合の予算・規約改正案検討／学校側との相談<br>入会届／PTAの目的見直し／活動のスリム化　検討 |
| | 3月 | 前年度からの引継ぎ→新役員始動 |
| | 4月 | 入会届配布／説明会3回開催（平日2回参観日昼休み、土曜1回）<br>旧指名委員ヒアリング |
| | 5月 | 学級委員選出、学級委員説明会、第1回実行委員会 |
| | 6月 | 予算総会（入会届に関する会則改正提案承認・細則改正報告）／給食試食会 |
| | 7月 | 地区委員・学級委員改革の検討 |
| | 8月 | 赤大路地区夏祭り（有志を募りPTAとして出店） |
| | 10月 | 臨時総会（地区委員・指名委員改革、役員・選出方法の改革）<br>来年度役員・委員募集・選考活動開始 |
| | 11月 | 保護者有志と児童でトイレ掃除実施（2年生と協力）<br>赤小トイレ清掃問題他について教育委員会に要望<br>交通指導員に例年並みの応募あり／役員は書記2・会計1、学年委員も欠員あり |
| | 12月 | 卒業記念企画実施（特別委員会） |
| 2024年 | 1月 | 新年度役員・委員顔合わせ／地域清掃（4年生に協力。2月も） |
| | 3月 | 決算総会<br>2年生とトイレ掃除第2弾実施 |

図1　改革の工程表

映させることとした。

また、廣川さんを中心に、前年度の指名委員から、従来の活動の問題点等について聞き取りを行った。

２０２３年の5月には旧規約下で学級委員選出と学級委員説明会を実施した。これは年度始めの総会で入退会届について規定し、規約上も任意加入を実現するためには実行委員会を開いて総会議案を承認してもらうことが必要で、実行委員会を開くためには学級委員と、各学級委員代表であり実行委員となる学年長を選出する必要があったためだ。そのため、「1児童に付き1回は委員を務める」や委員を免除してもらうための「免除規定」、様々な会合や活動への委員の「動員」がＰＴＡ細則上残ったままでの選出となったが、学級委員選出、実行委員会開催後は速やかに見直す方針であることを事前に伝えて募集した結果、ほとんどの方が立候補、数名の方が抽選で引き受けてくださり、実行委員会で規約改正案を承認してもらうことができた。

２０２３年6月の予算総会で提案し、承認された要点は下記の通り。


◉ＰＴＡの目的を「赤大路小学校で学ぶ児童の学習環境及び通学環境の改善」と明確化。

◉入会規定を「会員は本校の保護者及び教職員とする」という入会資格を定めているとも全員強制加入ともとれる曖昧な文言から、「本校の保護者及び教職員で、本会の目的に賛同し、所定の入会届を本会に提出した者」に変更。

◉総会開催方法について、書面も可とすることを明記。

◉学級委員・地区委員について、従来PTA細則で規定されていた会合への出席や行事への動員・手伝いなど多くの活動を削除。

◉会員数減少に伴い、クラスから3人選出していた学級委員を、学年から3人選出する学年委員に。

◉委員については「1児童につき1回」の規定を削除し、「立候補を原則とする」ことを明記。「免除規定」の内、委員を引き受けられない事情を示す根拠資料の提出を求める規定を削除。

◉会費収入の減少に伴い、周年記念事業は廃止。周年積立金は本会計に繰り入れた。

◉会議関係の茶菓子類、卒業記念品、弔慰費、雑誌購入費も廃止。


予算総会後の2023年7月からは学年委員・指名委員・地区委員改革の検討に着手した。2023年10月には臨時総会を書面で開催し、下記の点を改正した。


◉地区委員を改め校区安全委員とし、人数を大幅に削減。後述する交通指導員の募集とりまとめや市が募集するセーフティボランティアへの応募呼びかけ・連携に重点を置くことに。

◉PTA行事・イベントについては、立候補した会員が特別委員となって企画運営する体制に。

◉会員宅を訪問する従来の指名活動を廃止し、選考委員が役員・会計監査立候補のとりまとめと選出をするしくみに。役員選出は立候補と次年度学年委員候補者の互選を組み合わせる方法に。

◉委員選出については、従来の詳細な免除規定は削除し、役員・委員選出アンケートで「来年度はできない」も選択できるように。

以上で根幹部分の改革が終了し、２０２３年10月からは新しく整備した方法で次年度の役員・委員の選出に取り掛かった。役員・委員と合わせて後述する交通指導員の募集も実施した。役員は定員7名のところ書記2名、会計1名が欠員、学年委員にも欠員が出たが、交通指導員には例年なみの30名が集まった。学年委員については２０２４年度に欠員補充が行われた結果、2〜6年生の学年委員に2名、新一年生の学年委員に2名が加わった。

２０２３年度末の決算総会では高槻市ＰＴＡ協議会からの脱退が決議され、２０２４年度に入って会員募集や特別委員募集と予算編成、という新しいＰＴＡ活動のサイクルで年度が始まり、２０２４年度予算総会では、学校への寄附に関する考え方を明確にするなどの補足的な規約改正が実施された。

## 改革で重視した点

赤大路小学校ＰＴＡの改革にあたり、改革の基本に据えたのは次の「三本柱」だ。「これらの三本柱の内、どれか一つでも欠けると、改革はうまくいかない。三本柱を同時並行で進めることが

## PTA改革の3本柱

**01 任意加入の徹底**
- 入会届と退会届を整備
- 自動加入と一体の役職強制を廃止

**02 活動目的の明確化と活動のスリム化**
- 目的は学習環境・通学環境の改善
- 目的に「会員の親睦」は不要
- PTAは保護者会員と教職員会員の話し合いの場。イベントは手段の一つ。
- 委員の規模と業務を大幅にリストラ
- PTAはボランティアセンターへ

**03 活動内容の透明化・IT 活用**
- PTAだよりを議事録＋改善報告に
- 無料のグーグル＋LINEオープンチャットをフル活用
- 総会もオンライン決議に

図2　三本柱の図

重要」と岩崎さんは強調する。

### ①任意加入の徹底

任意加入の徹底は一刻の猶予も許されず、新年度が始まればすぐに実施すべきものと考えた。従来のＰＴＡ改革では活動のスリム化等をまず進めた後に任意加入化を進める「ソフトランディング」によって高い加入率を維持しようとする傾向が見られたが、赤大路小学校ＰＴＡでは不適切な状態をできるだけ早く解消することを優先した。

入会届と退会届を整備し、任意加入を周知するとともに、「全員自動加入と一体の役職強制」を廃止した。結果的には、２０２３年度の会員数は約４５０から１６８と、約3分の1になった。一度入会届を出せば、退会届を出すか、子どもの卒業もしくは教職員の転出まで会員資格を継続すると規約改正しており、２０２４年度の会員数は１３３となっている。

PTA宛

# 赤大路小学校PTA入会届

PTA会長行

記入日　20　年　月　日

私は、赤大路小学校PTA規約・PTA細則・PTA個人情報取扱規則を確認の上、PTAの趣旨に賛同しますので、PTAへの入会を申し込みます。

下記に記載する個人情報について、赤大路小学校PTAが、PTA個人情報取扱規則第6条に則り、

① PTA会費の集金業務・管理業務
② PTA活動に関する連絡
③ 会員・役員・各委員会等の名簿の作成
④ 本会運営にかかる役員・委員等の選出

の目的にのみ使用する(それ以外の目的に使用しない)ことに同意します。

下記に記載する個人情報について、赤大路小学校PTAが、PTA個人情報保護取扱規則第6条に則り、赤大路小学校に対し、文書や会費封筒の配布・回収を委託することに同意します。

ふりがな
① ご氏名　（　　　　　　　　）

※主に活動される方のお名前をご記入ください。父母等複数の方のご記入も可能です。

② 電話番号（　　　　　　　　）

③ メールアドレス（　　　　　　　　）

保護者の方は④を必ずご記入ください。

ふりがな
④　年　組　番　児童名（　　　　　　　　）

※本校に複数の児童が在籍する場合、一番下の学年の児童名をご記入ください。
※本校にごきょうだいがおられる場合、ご記入ください。

ふりがな
年　組　番　児童名（　　　　　　　　）
ふりがな
年　組　番　児童名（　　　　　　　　）
ふりがな
年　組　番　児童名（　　　　　　　　）

図3　入会届書式

図3が赤大路小学校ＰＴＡの入会届だ。児童名を書く欄があるのは、まだメールやアプリによる完全なＩＴ化が実現しておらず、児童名が会員向け会費封筒配布の宛先になっているからだ。岩崎さんは「ＰＴＡ会員の方のＩＴスキルは様々。一部の詳しい人が急いでＩＴ化を進めると混乱が起きるので、何度かのオンライン総会等でメールアドレスを収集し、ゆくゆくは連絡と会費集金のオンライン化につなげるのが現実的と判断しました」という。

会員数の減少に伴い、会費収入も減ったが、それ以外には特に大きな影響はないという。イベントや事業は立候補した会員による特別委員会が企画運営し、お手伝いボランティアは会員・非会員問わず募集している（イベントごとに名簿を把握すれば非会員保護者・教職員・学校児童も、学校関係者でない地域住民もＰＴＡ保険の対象になるため）。保護者・教職員の内、ＰＴＡ活動に主体的に参加したい人が会員になり、その他の保護者・教職員・児童・地域住民もボランティアで参加できる、という体制になっていると言えるだろう。

## ②活動目的の明確化と活動のスリム化

従来のＰＴＡに対する不満の多くが、「何のためにやっているのかわからなくなっているのに、活動負担だけが引き継がれ、強制的に会員にされ、役職を押し付けられた人がやらされていた」ことに原因があった。ＰＴＡ規約で「活動の目的」に「会員相互の親睦」が掲げられていたことも、役員委員が動員されてしか参加しない親睦会等の無用の行事と運営負担を生んでいたため、ＰＴＡの活動目的を「赤大路小学校児童の学習環境と通学環境の改善」と限定し、明確化した。それは本ＰＴＡの委員会が大きく学級委員会（校内関係）と地区委員会（通学路関係）にもともと分かれていたため、その役割と目的をはっきりさせたものだった。イベントは上記の目的を達成するための手段の一つということだ。

会員の自発性と創意を最大限尊重する体制に転換し、行事への動員など保護者の負担感につながることは廃止、見直しを進めることにした。会議の回数を減らし、役員や委員を強制ではなく、立候補制にして、人が集まらなければ、実施しないイベントがあってもよいと考えた。

イベントや事業については、会員から企画運営者を立候補で募り、立候補があったもののみ実施する「特別委員会」制にした。従来から規約に特別委員会に関する規定はあり、活用されていなかったのだが、赤大路小学校ＰＴＡではこの特別委員会制度を年度ごとの単発企画・行事別ボランティア募集の枠組みとして活用した。

### ③活動内容の透明化・ＩＴ活用

従来のＰＴＡの広報手段は紙のＰＴＡだより等の配布物が主で、インターネットが活用されていなかった。ＰＴＡだよりも役員や先生の挨拶が半分、行事の案内等が半分で情報量が少なく、予算・決算についても詳細の説明がなかった。紙のみに依存した広報が役員・委員の過大な負担につながり、情報の不透明性が不信感につながっていたことから、メール、ブログ、ウェブフォーム、ＬＩＮＥを活用して役員・委員の負担を激減させ、情報の透明性を高めることを目指した。

「どんな仕事をやっているのか、何ができるのか」を周知するために、２０２３年度は紙のＰＴＡだよりを議事録と改善活動報告という内容に変えた。併せて、安全上の理由から原則として保護者・教職員のみにアドレスを知らせている「ＰＴＡブログ」とブログの更新情報をお知らせする全保護者・教職員向けの「ＬＩＮＥオープンチャット」を開設した。全保護者教職員向けオープンチャットの方は２０２４年度初めで約１３０名が登録しており、ブログ記事については1記事あたり３００人くらいに見られている状況だ。

「いわゆるウェブサイト構築はＩＴに詳しくない人にはハードルが高く、引き継がれないと思いました。その点グーグルのメールと連動したブログなら今の子育て世代には操作も簡単で馴染みがあります。２０２３年度はラインワークスも導入しましたが、結局グーグルアカウントとＬＩＮＥで用が足りることがわかり、ラインワークスは２０２３年度末でやめました。２０２４年度もそれ以外のグループウェアは導入していません」と岩崎さんは話す。

２０２３年10月の臨時総会では総会資料もオンラインで会員に配信し、２０２４年３月の決算総会では資料配布と議決権行使をグーグルフォームでオンライン化した。

２０２３年度の別の役員さんが作成した紙のＰＴＡだよりは、親しみやすいイラストが他校でも評判だったが、印刷・配布負担の軽減のため２０２３年度で終了し、２０２４年度より、ブロ

図4　手書きイラストが好評だった2023年度のPTAだより

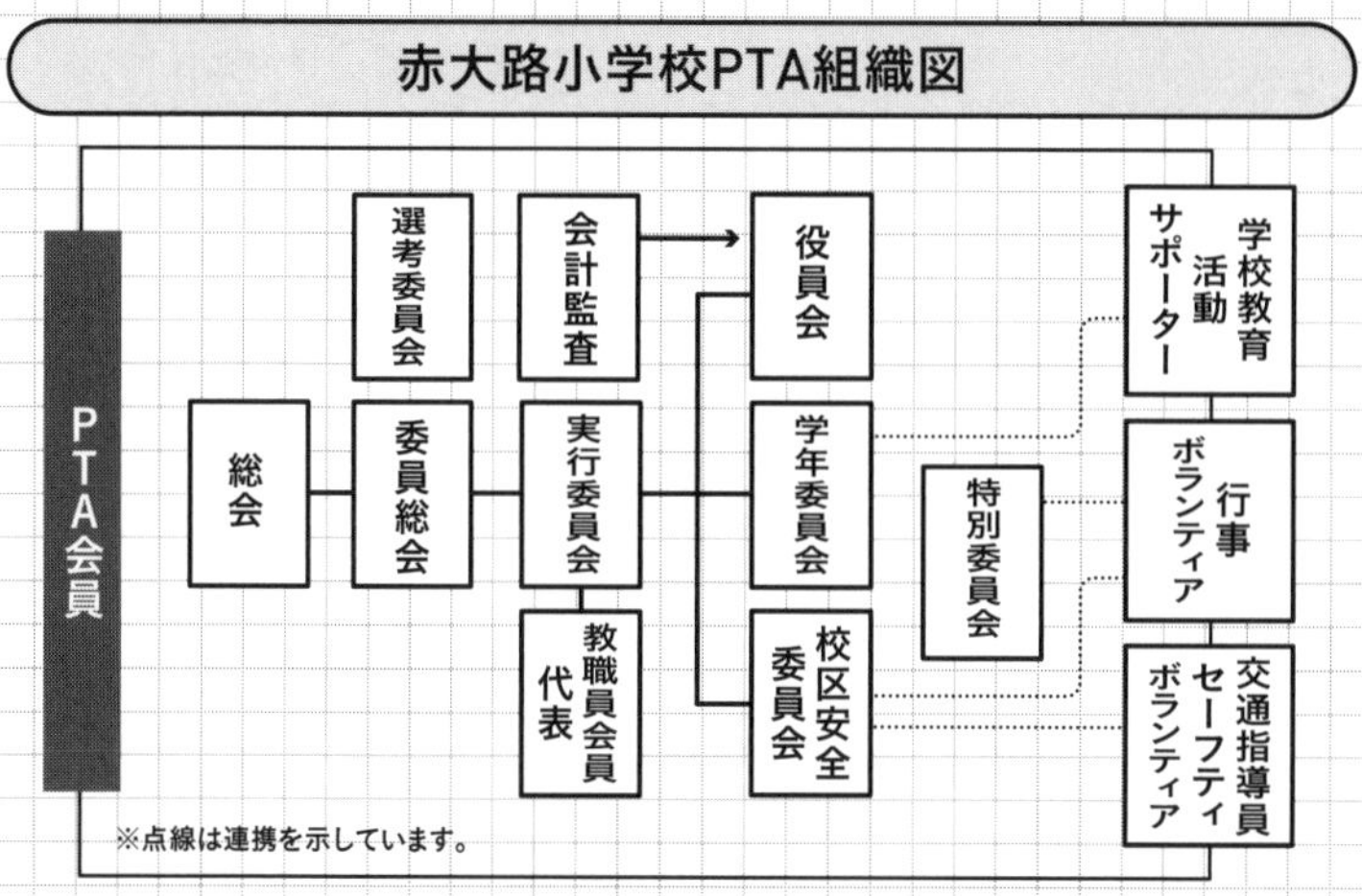


図５　改革後の組織図

グ記事及び「ＬＩＮＥオープンチャット」での配信が主となった（ただし、全保護者と子どもたちに知ってもらううえで紙の配布物も有効であることから「ＰＴＡこども新聞（略称「ぴこしん」）」という手書きメインの配布物が一部復活している）。

## ＰＴＡ組織・各委員会の改革

改革後の組織図を見ると、２０２３年度の改革の特徴がわかる。改革後の組織図では、ボランティアが会の内外にわたって書かれており、ボランティアセンターとしてのＰＴＡが会員・非会員からボランティアを募って事業・行事を実施する体制が示されていると言えるだろう。

各委員会がどう変わったのかを見ていこう。

## ▼学年委員（旧：学級委員）

改革前は各学級から3名の「学級委員」が選出されていたが、任意加入になって会員が減少したことに伴い、各学年3名として、名前も「学年委員」に変更した。以前は総会への出席、運動会の手伝い、ベルマーク活動、年7回の学級委員会開催、学校・PTA主催行事の手伝い、年1回の学年親睦会実施、高槻市PTA協議会主催行事への参加・動員など、膨大な仕事がPTA細則で規定されていた（高槻市PTA協議会主催行事への「動員」という言葉が実際に細則に明記されていた）が、2023年度予算総会での規約改正で学習環境改善のための連絡活動、年5回の実行委員会への出席（学年長のみ）、次年度役員立候補の取りまとめ（選考委員担当のみ）と激減した。

実際、実行委員会において学年委員から「学校のトイレが汚いと子どもが言っている」という指摘が出たことがきっかけになり、後述する児童と保護者によるトイレ点検・清掃の取組につながった。学校側は「設備の老朽化が原因で、教育委員会には設備更新を要望している」との立場だったものの、清掃活動の際に保護者が清掃しただけできれいになったことから、市委託業者の清掃が不十分であることが判明し、PTAから教育委員会に苦情を申し立て、教育委員会から業者への指導を徹底する旨回答を得た件などは、行政サービスの実施状況をPTAがチェックする「学習環境改善」のわかりやすい事例と言えるだろう。

2024年度からは高槻市の学校ボランティア制度である「学校教育活動サポーター」制度を保護者に周知し、登録を推進していく方向で議論が進んでいるという。

## ▼校区安全委員会（旧：地区委員会）

高槻市には「交通指導員」という有償ボランティア制度があり、高槻市ではＰＴＡが会員保護者を動員して交通指導員として登録し、学童の登校中の見守り活動（街頭指導）を月１回程度実施するということが多かった。赤大路小学校ＰＴＡでも伝統的に校区内各地区から立候補やくじ引きで選出された地区委員が交通指導員として登録され、毎月の街頭指導や道路上のストップマークの張替え、市が作成する「子ども見守り中」の旗の希望者への配布・回収作業を負担していた。

その交通指導員制度の関係で、地区委員は改革の前年度である２０２３年１〜２月には選出が完了していたため、２０２３年度の地区委員（２０２３年度臨時総会以後は校区安全委員）は前年度の強制加入・役職強制体制下で選出されていた。

本格的に校区安全委員改革の検討が始まったのは２０２３年７月からで、検討の結果、

◉ＰＴＡの地区委員が交通指導員を自動的に兼務するという体制を改め、会員・非会員を問わず、交通指導員の必要性を理解し、自ら立候補した人のみが交通指導員になる体制に転換する。

◉交通指導員を兼ねるために30名ほどいた地区委員は６名とし、市の制度である交通指導員の立候補を校区安全委員がとりまとめるというしくみにする（校区安全委員が交通指導員を兼ねることも可能）。

◉市が本来配布回収すべき「子ども見守り中」の旗（協力する地域住民が自宅玄関等に掲出）の配布回収作業が地区委員にとって大きな負担となっていたことから、この業務を学校に返す。

◉「地区委員」は校区内各地区の保護者が全員ＰＴＡ会員だった時代の名残であり、２０２３年度予算

総会での細則改正で「地区内の懇親」も活動目的から削除したことから、本来の目的である通学環境の改善を示す校区安全委員会に名称を変更する。

◉高槻市には「セーフティボランティア」という交通安全に関するボランティア制度があり、これは交通指導員のように活動日時が細かく定められておらず、自由度が高いので、今後はこちらの周知も進める。

という方針が決まり、その後の実行委員会で承認された。

２０２３年秋には会員・非会員問わず保護者から交通指導員を募集したところ、会長や校区安全委員長の予想を裏切って例年並みに交通指導員が立候補で集まった。岩崎さんは「これは地味ながら２０２３年度赤小ＰＴＡの一大事件でした」という。

２０２４年度の校区安全委員は定員の６名も立候補で集まり、２０２３年度と同様に、通学路の危険箇所情報の収集・発信や市・警察への働きかけ、交通安全教室開催への協力など、ＰＴＡの二大目的の一つである「通学環境改善」のための活動を展開している。

### ▼特別委員会

旧規約でも一応「特別委員会」に関する規定があったが、あくまで特別に設置する委員会という位置づけに過ぎず、実際には設置されてこなかった。これを毎年度の単発行事・事業のボランティア募集のしくみとし、特別委員募集と予算編成を関連づけていく方針とした。２０２３年度前半はこの制度が未確立だったので、執行部主体で有志を募って給食試食会、夏まつりでの出店

図7　APTのロゴマーク

図6　2023年度卒業記念企画の様子。6年生が協力して体育倉庫に絵を描いた

をしたが、後半は特別委員会方式でベルマーク活動、卒業記念企画、児童と協力したトイレ清掃を実施した。

2023年度の卒業記念企画特別委員会は、6年生児童から「今年のPTAは卒業記念品を廃止して記念企画にするそうだが、6年生の声もちゃんと聞いてほしい」と訴える手紙がPTAに届いたことがきっかけになり、6年生保護者会員から立候補があって発足した。6年生の声を聞くアンケートをもとに企画を立案し、体育倉庫に絵を描く企画に結実した。

「APT（アピト）特別委員会」の「APT（アピト）」は「赤小ピカピカチーム」の略で、2023年度の2年生が生活科の学習でPTAや保護者とトイレ掃除の取組を行った際お世話になった、東京都奥多摩総合開発株式会社のトイレ清掃集団OPT（オピト、奥多摩ピカピカトイレ）の影響を受けて付けた名前だ。2024年度からはトイレ清掃活動のみならず、市の花苗補助の仕組みも活用した緑花活動など、学校環境美化の取組に発展している。

２０２４年度は上記に加え、「子育てアレコレ学習会」企画特別委員会が発足し、活発な活動を展開している。

## 役員・委員選出方法の改革

改革前の役員の選び方は、旧学級委員・旧地区委員から選ばれた「指名委員」が、高槻市ＰＴＡ協議会が作成し、毎年度の指名委員学習会で配布していたマニュアルにより、保護者宅を訪問して就任を依頼するというものだった。副会長の廣川さんは「『自宅訪問やマニュアルを使った指名委員の活動は必要ですか？』と聞いたら、思い出すのもつらそうな指名委員の経験者もいた」と明かす。

２０２３年度は指名委員を「選考委員」と改め、各学年委員から一人が選考委員となって役員の立候補をとりまとめる、というしくみに変更した。役員は基本的に立候補制だが、何度か募集して定員に満たない場合は、学年委員で学年長でも指名委員でもない人（学年委員書記会計）で互選とする方法とした。

岩崎さんは「会員が少なくなれば選考委員を置く余裕もなくなるでしょうが、まだ当ＰＴＡは人数的に余裕もあり、２０２３年度選考委員から委員数が多い方が盛り上がって良いという意見も出たことから、現在の形になりました。最終的に役員ではない選考委員が指名する方が民主的と言えると思います」「もっと会員が少なくなれば、学年委員・校区安全委員といった常設委員会ではなく、その年度で集まった役員が主体になって臨時の特別委員を募集し、学習環境・通学環境改善のための活動をする、という体制になると思います」という。

廣川さんは、「役員がいなければPTAは回りませんが、人が集まらなければ休会し、誰かが種火をともし続けて機運が盛り上がるのを待つという方法もあると思います」と語る。

委員の選び方は、「1児童につき1回」「〇〇の人は免除」といったルールをこと細かく定めていた「PTA細則」を改正し、原則として立候補に変え、立候補が足りない場合は会員対象の抽選を残すが、希望しない会員は申告すれば抽選対象から外れるようにした。

## 上部団体との関係

2023年4月から高槻市PTA協議会の会合で他校PTAとも任意加入に関する情報交換を行いはじめた。6月頃からは協議会から任意加入の徹底に対応するための勉強会開催の依頼を受けていたが、2023年中は自校のPTA改革が進行中でその余裕がなかった。2024年2月に赤大路小学校PTA主催で「PTA改革勉強会」を近隣のコミュニティセンターで開催し、市内外から20名以上の参加があった。そのために用意した勉強会資料には改革に当たっての総会議案や規約改正経過などを詳細に載せ、他校でより円滑に改革ができるように工夫した。そこに参加した他校ＰＴＡ役員を中心に２０２４年度から高槻市内の各校ＰＴＡで改革の動きが大きく進んでいるという。

高槻市ＰＴＡ協議会とは単位ＰＴＡの要望の取り扱いや役職負担など運営について方向性の違いがあったため、２０２４年３月で退会した。市への要望活動は独自に直接行っており、ＰＴＡ保険（団体傷害・損害賠償・個人情報漏洩）についてもより割安な保険に加入できた。

## 改革で達成できたこと

改革で重視した「三本柱」はほぼ半年間でスピーディに進めることができ、委員の負担は早々に激減したが、２０２３年度の前半の役員の事務量は大変なものだったという。２０２３年度後半からは役員の事務も落ち着き、２０２４年度からはイベント・事業が各特別委員会に移ったので、交通指導員やイベントボランティアも含めると、ＰＴＡ活動を実際に担う人数は増加しているということになる。

岩崎さんは、「当初考えた通りに三本柱を達成できた」と言う。ある保護者会員からは、「この一年で、これまでＰＴＡに感じていたモヤモヤが消

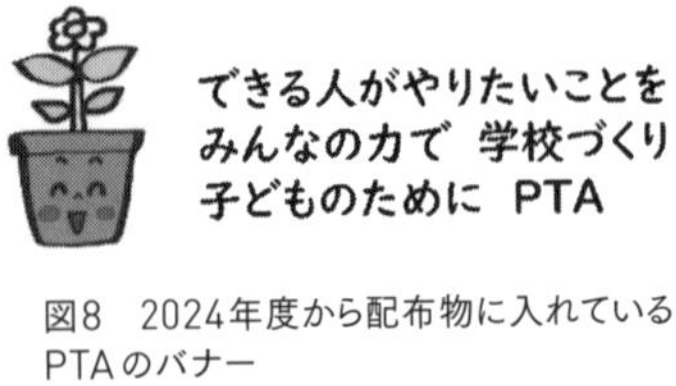


図8　2024年度から配布物に入れているPTAのバナー

えていった」という声がPTAに寄せられていることが、改革の本質的な成果を示していると言えるだろう。

## 今後の課題

2024年現在は、各委員会に意欲ある方々が集まり、とても良い状態だという。今後の課題は、「2025年度以降も主体的にPTA活動に関わってくれる人を増やすために、改革後のPTAの在り方について知っていただくための広報を続けていくこと」と岩崎さんは話した。

## 目的からぶれない改革

赤大路小学校PTAが開催した「PTA改革勉強会」資料集は70ページにわたる膨大な内容。PTAが発出した案内文や規約改正の経過など、非常に細かく、PTA改革の具体的なノウハウが詰め込まれている。資料からは、旧態PTAとの違いを理解してもらえるよう、丁寧に説明を進めてきた姿勢を知ることができる。また、手書きの「PTAだより」は、とても読みやすくて親しみやすく、優れたPTAの広報物と言えるだろう。ここにも、「透明性のある活動」をしたいという役員の方々の思いが表れている。

スリム化しつつも、子どもたちの学習環境と通学環境の改善という目的からぶれない赤大路小学校ＰＴＡは、新しい世代による、新しい時代のＰＴＡのモデルの一つとなるだろう。この動きが他校にも広がっていくことを期待したい。

CASE 4

活動目的を明確に

# 学校の課題解決を保護者がサポートするためのPTAに

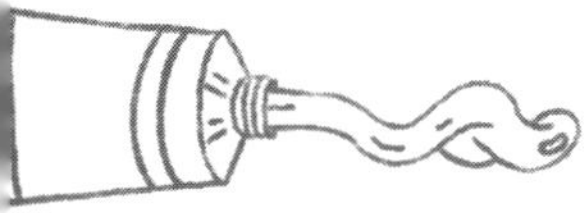

## さいたま市立栄和小学校PTA

〔 お話しを聞いた方 〕

| | |
|---|---|
| 市村明広さん | PTA会長 |
| 栄和小学校PTA | https://sakawa-pta.jimdofree.com/ |
| 図版提供 | 栄和小学校PTA |

## 栄和小学校PTAの概要

さいたま市PTA協議会が使途不明金問題で揺れていた2023年に、単位PTAとして改革に取り組んだのがさいたま市立栄和小学校PTAだ。栄和小学校PTAのホームページは、総会資料や活動報告がしっかり掲載されていたり、ボランティア募集がウェブフォームで行われているといったことだけでなく、入会届、退会届の手続きがウェブで完結していたり、会員専用ページがあったりと、2024年時点のPTAとしてはかなり先進的なホームページとなっている。2023年の改革をリードしたのが会長の市村さんだ。

## 保護者の同意確認問題がきっかけとなって改革に取り組む

栄和小学校PTAで課題が明確になったのは、市村さんが会長に就任し、1年目の2023年1月。X（旧ツィッター）で「同意がないままPTA役員を強制された」と訴える投稿があり、その内容がPTAに届いたことがきっかけだった。

これを受け、栄和小学校PTAは「至急同意確認を行わなくてはならない」と深刻に捉えた。栄和小学校PTAは2023年2月に任意加入の周知と同意確認を実施し、加入促進を目的にPTA活動の説明を行ったが、その活動の説明内容に様々な問題点があったことが発覚。なかなか前に進まなかったという。そこで、ＰＴＡ活動について何が正しくて何が正しくないのか、全般的に見直しをするという流れになった。

こうして、学校とＰＴＡが一体となったＰＴＡ改革が突然始まったという。見直しを進めるなかで、後述する様々な問題点が浮かび上がった。

同意確認の問題は、これまでのＰＴＡの歪みの表れの一つに過ぎず、同意確認をすればすべてが正常になるわけではない。たとえば、同意確認をすることで、会員と非会員の保護者に分かれることになり、全保護者加入だからできたこともできなくなる。そこで、本校ＰＴＡの活動の中の、どこに歪みがあるのか、調査することからスタートした。

就任当初は、広報紙の廃止とか、子どもたちが楽しめるイベントをするとか、少しずつ今の時代にあった活動に切り替えていこうと考えていた市村さんだが、Ｘの投稿をきっかけとして、思いがけず短期間で進めることになった。

## 改革で重視した点

何が歪みなのかを判別するために重要なのは、ＰＴＡとしてどういう方針で活動するかということ。たとえば、ＰＴＡ役員を会員から強制的に選出するということをＰＴＡ規約で規定し、その同意確認ができていれば何の問題もない。

栄和小学校ＰＴＡは、改革の方向性を検討するなかで、「それをしたら○○ができなくなる」といった指摘がよく聞かれたが、それよりも「誰が、何のために、どうするのか？」の優先順位を明確にすることの方が重要と考えた。ＰＴＡは営利団体ではなく、子どもたちのための組織であり、子どもは大人の背中を見て育つのだから、「子どもに見せたい背中」になるような、健全であり、公平な対策をすべきだと考えたのだ。

その結果、多くの課題が浮かび上がった。ＰＴＡ加入の際の同意確認と一体となった役員の強制選出、ＰＴＡ会費の集金方法、学校公務内でのＰＴＡ運営サポート、ＰＴＡ会費以外のお金（教育振興費）の集金、不明朗な学校寄付金、学校施設に対しての修繕積立金、これまでの活動費の繰越金、必要以上の予備費、子どもたちへの記念品など特定学年のみを対象とした支出、似通って未整理な予算科目、登下校時の見守り、ＰＴＡ主催イベントでの収益分配、地域の高齢化、登校時の見守り、ＰＴＡ補償制度、上位団体の１０００万円超に上る使途不明金問題などだ。

## 任意加入、入会意思確認について

任意化は入退会の自由化であるから、いつでも入退会ができる窓口が必要と考えた栄和小学校ＰＴＡは、ホームページでいつでも入退会ができるようにした。役員やボランティアの募集においても、くじ引きや抽選はせず、立候補・応募のみとした。

様々な問題が顕在化
これらすべてを対処することを宣言

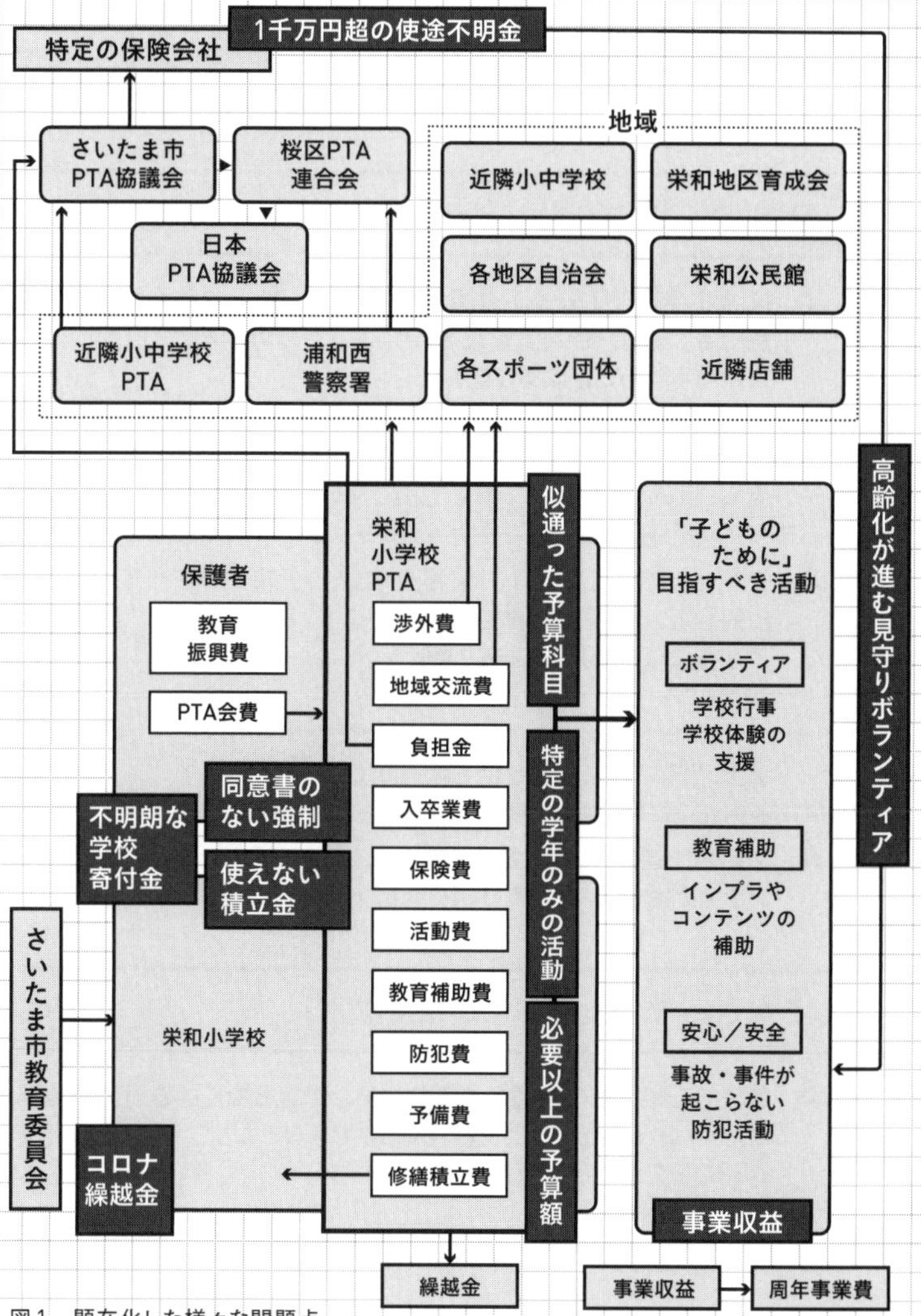


図1　顕在化した様々な問題点

# 知る これってどうなの？

よくある質問と回答をご紹介いたします。

**Q　PTAに入会しないといけない？**

**A**　栄和小学校 PTA は任意団体ですので、加入するかどうかは任意です。また、加入は意思表示によるもののみとし、自動的に加入させられることはありません。

**Q　PTAに加入しないと、子どもが不平等を受ける？**

**A**　栄和小学校 PTA では、栄和小学校に在籍するすべての子どもに対して、公平な活動を行っています。PTA の加入 / 非加入で子どもには何も影響はありません。

**Q　PTAに加入しないと、何も参加できなくなる？**

**A**　あいさつ運動や運動会のサポートなど、PTA が主導で行うボランティア活動への参加は、PTA 加入 / 非加入は問いません。

**Q　そもそも、PTAはいらないのでは？**

**A**　ここでご紹介している多くのことが、できるなくなる可能性があります。加入者が少なくなると運営できなくなり、PTA を存続できなくなる可能性もあります。

図2　これってどうなの？（PTAに入会しないといけない？他）

同意確認を行う上で、重要なのは改正民法第95条（錯誤）で、「意思表示に対応する意思を欠く錯誤」により、PTAへの入会が強制だと誤解していた場合は加入を取り消されるのは当然だ。入退会は本人の意志表示のみによって行われるものなので、しっかりした意思表示をしてもらうためにPTA活動に関する情報を提供していく必要があると考えた。

「入会を希望しない方はご連絡ください、連絡のない方は会員とみなします」はNG。会員資格の有効期限についても、PTAは毎年度の総会決議に基づいて活動する団体なので、1年ごとに同意確認を行うべきだと考えた。「それをしたら会員が集まらなくなる」のは当然で、その上でどうするのかが、これからのPTAだという考え方だ。

2024年4月時点での加入率は約70％となっている。

## 目的の明確化

目的は、「誰が、何のために、どうするのか？」の優先順位をどう考えるかだ。

たとえば、多くのPTAの活動の中で目にする「ベルマーク運動」。「PTAが、何のために、ベルマークの点数を集計する」のか。PTA活動費の補助のためであれば、会費の変更や、活動予算の見直しで対応できるので、別の目的があると推測できるが、その目的は、多くの保護者の方が腹落ちするものでなくてはならない。PTA運営をする役員の任期の短さからか、目的は引

# やる　保護者として何ができるのか？

PTAというと、強制的に何かを「させられる」団体と思われがちですが、決してそうではありません。

学校の課題を保護者としてサポートし、
保護者の声を学校にリクエストしていく
**一方通行ではない協力し合う団体です。**

子どもに、どんな学校生活を送ってもらいたいか
**そう考えた時、保護者として何が「できるのか」を**
**形にする団体であるべきと考えます。**

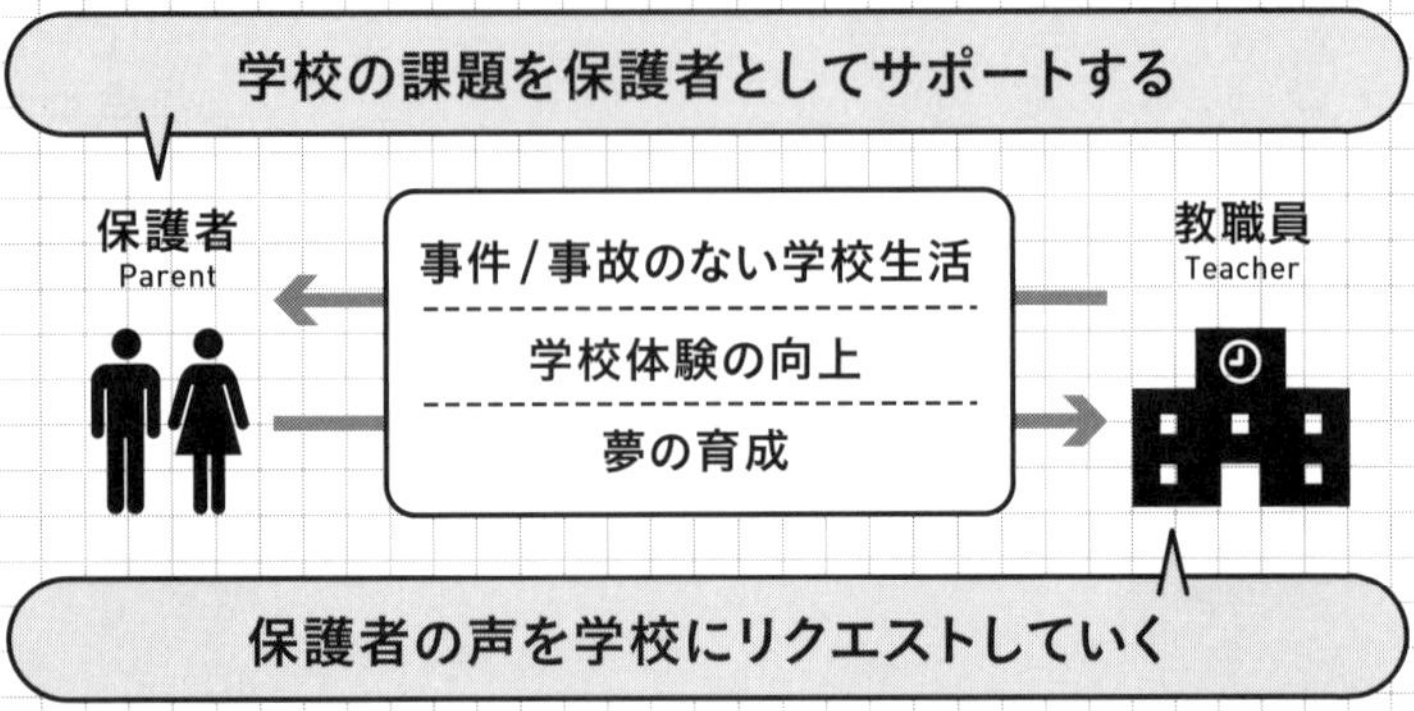


図3　保護者として何ができるのか？

き継がれることなく、やることだけが残っている、というのが歪みの一部だった。

そして、多くの保護者の方が腹落ちする目的とは、「保護者として、子どもにどんな学校生活を送ってほしいのか？」という質問に対する答えだ。保護者としては、何事もないことが最優先だが、たとえば、２０２０年から全面実施されている「学習指導要領」では「小学校は、子どもたちが未来社会を切り拓くための力を、一層確実に育成する場」としている。

そこで、栄和小学校ＰＴＡでは、優先順位にそって、

**①事件・事故のない学校生活**

**②学校体験の向上**

**③夢の育成**

と方針を立てた。だが、安心安全対策や運営方針は、学校主導の学校運営協議会制度（コミュニティ・スクール）や地域学校協働本部（スクールサポートネットワーク）の中で協議されていくものだ。「何のために、どうするのか？」が同一であれば、「誰が」は学校でもＰＴＡでもいい。そう考えると、「ＰＴＡはいらないのでは？」とも考えられる。

問題は「その学校を誰が見守るのか？」だ。毎年、学校評価は教育委員会で行われるが、組織外で行われることはない。登下校の交通事故、犯罪被害、イジメ、給食の異物混入、教員の体罰やわいせつ行為などから子どもを守るのは、最後は保護者だ。

そこで、栄和小学校ＰＴＡは、前述の方針のため、

①学校の課題を保護者としてサポートする
②保護者の声を学校にリクエストしていく

という、一方通行ではない協力し合う団体であるべきだと考えた。あとは、この指針に従って棚卸しするだけだ。

## 予算の透明化

今回の見直しで、予算の透明化ができた。PTA会費以外にPTAが全保護者から集金していた教育振興費や学校施設に対しての修繕積立金の廃止を行ったり、渉外費・地域交流費・校外委員会活動費など似通った予算科目も整理した。教育振興費を廃止した分、会費を安くすることができた。


◉入学記念品を一年生、卒業記念品を六年生だけに使うことをやめた。

◉外部団体が収益を得るような活動、例えばPTA祭りの中で地域の野球チームが模擬店を出して、お金を儲けるのはダメとした。

◉学校施設・設備のための修繕積立金も廃止し、学校施設・設備に関することは公費で賄うよう適正化した。

◉会費を毎月の給食費とあわせて集金していたのを、さすがに手間がかかりすぎるために、年一回徴収に変えた。

## IT活用

ＩＴ活用として最終的に取り組んだことは、オンラインバンキング導入、ホームページ開設、Wi-Fi導入の3点だ。

ＰＴＡ会費の集金について、従来は保護者が学校用に登録している口座から給食費と合わせてＰＴＡ会費を引き落としており、学校公務の時間内で先生方にサポートしていただいていたが、これは全保護者加入だからできたことのひとつだった。会員と非会員の保護者に分かれることで、会員と入金の2つを管理していかなくてはならず、学校公務の時間を一部の保護者だけに使うことになると考え、学校委託を中止したのだが、結果としてＰＴＡ会計担当者の業務がかなり圧迫されることとなった。そこで、会計の業務を軽減すべく、オンラインバンキングの導入を検討したが、従来まで取引していた信用金庫では任意団体向けのサービスがなく、ＰＴＡでも可能なオンラインバンキングができる機関に移行した。その結果、会計の業務は前よりも軽減し、会計監査にかかる時間も大幅に短縮された。（因みに、入会していて会費を振り込む人、入会しているのに振り込まない人、入会していないのに振り込む人など様々な混乱もあり、どこまで会員・会費管理を厳格にすべきか悩まされたという。）

ホームページを開設することでも、大幅な業務改善ができた。これまでの栄和小学校ＰＴＡでの広報活動は、タイムリーに発行する「ＰＴＡだより」の印刷配布と学校ホームページへの掲載、定期的に発行する広報紙の印刷配布と多岐にわたり、30名近くの役員と30万円以上の活動費、それに学校公務の協力を必要としていた。ホームページを開設することで、オンラインバンキング同様に学校委託を中止でき、かつ30名近くの役員と30万円以上の活動費をまるごと削減、さらには保護者の声を学校にリクエストしていく場として、透明性があり、公平な環境が構築できた。

ホームページのシステムはＫＤＤＩのJimdoの無料のものを使っている。ホームページの管理は慣れない人にはハードルが高いが、ＣＭＳのなかのブログ部分だけ更新すればいいようにつくりこんでおり、ＩＴに強い会長以外も更新できるようにしている。従来の紙で記録する業務がなくなったので、書記がブログ更新を担当している。

ホームページには「ＰＴＡガイド」という資料を載せており、ＰＴＡについてよく知らない人にも栄和小学校ＰＴＡが取り組んできた改革の要点をわかりやすく説明している。アクセスは徐々に増えているという。

保護者への連絡は、会員にも非会員にも同じ情報を公平に届けるため、学校のメールシステムを使わせてもらっている。

後述の通り、２０２４年度は委員会を廃止し、本部役員しかいなくなったため、紙の配布は１か月に１回以下まで減らした。その意味でもホームページを充実させているという。

図４　PTA活動の概要

実は、ZoomやTeamsなどのオンライン会議ツールや、ラインワークスやkintoneなどのグループウェアの導入も予算に組み込み計画したのだが、「たいていの人はLINEしかできない。ZoomやTeamsもできない。グループウェアの導入では効率化できず、却って混乱を招く」と判断し、Wi-Fiとオンラインストレージ（Google Drive）だけを導入し、他は見送ることにした。

また、子どもの見守りや登校班の編成でのIT活用も試みた。見守りについては、GPSやRFIDによるものが様々あるが、PTAの活動費だけでは難しいものだった。登校班の編成も、座標計算による自動化を試みたが、まだまだ改善の余地のある結果となった。

こうしたIT活用は、これからのPTAには必須と考えており、今後も検討を重ねていく予定だ。登校見守りボランティアの当番表や登校班の編成など、まだまだITで効率化できると考えている。

## 2024年度のPTA活動

栄和小学校PTAの主な活動内容は、大きく分けて①学校主導の会議などに参加し、②その方針をサポートしていく、という二つの活動からなっている。学校行事のボランティア（学校掃除ボランティア、運動会サポート、音楽発表会のサポート）、資源回収、挨拶運動、見守り編成や登校班の編成サポート、防犯ボランティアの協力、AEDの設置などだ。

学校行事のボランティアについては、２０２４年度は本部の役員だけでサポートをやっていて、当日来た人にお手伝いを呼びかけるということはしている。今は本部以外の人がＰＴＡ活動に携わるということはない。

将来的にはベルマークとかＰＴＡまつりに代わる子ども向けのイベントなどで、人手が足りなくなることが予想されるので、そういう場面でボランティアを募集していきたいとのこと。ボランティア募集の方法としては会員・非会員問わず学校メールで募集する予定だ。

## 登下校時の見守り活動

会員と非会員の保護者に分かれることで、従来校外指導委員会が担当してきた登校時の見守りをどうするかは大きな課題だった。旗持ち当番を回避したくてＰＴＡに加入しないという傾向も見えてきた。従来までのＰＴＡ活動のままでは、いずれ見守りをする保護者がいなくなり、子どもの登校が危険に晒されることになる。

実は、登下校は学校の管理下ではない。日本スポーツ振興センター災害共済給付制度では対象としているが、それはあくまでも保険制度の中だけで、文部科学省の「学校安全に関する更なる取組の推進について」という文書では、「学校管理下や登下校中」と区別されている。学校主導の学校運営協議会制度（コミュニティ・スクール）や地域学校協働本部（スクールサポートネットワーク）の

# 知る　PTAってどんな活動をしているの？

大きく分けると、
①学校主導の会議などに参加し、
②その方針をサポートしていく、
2つの活動になります。

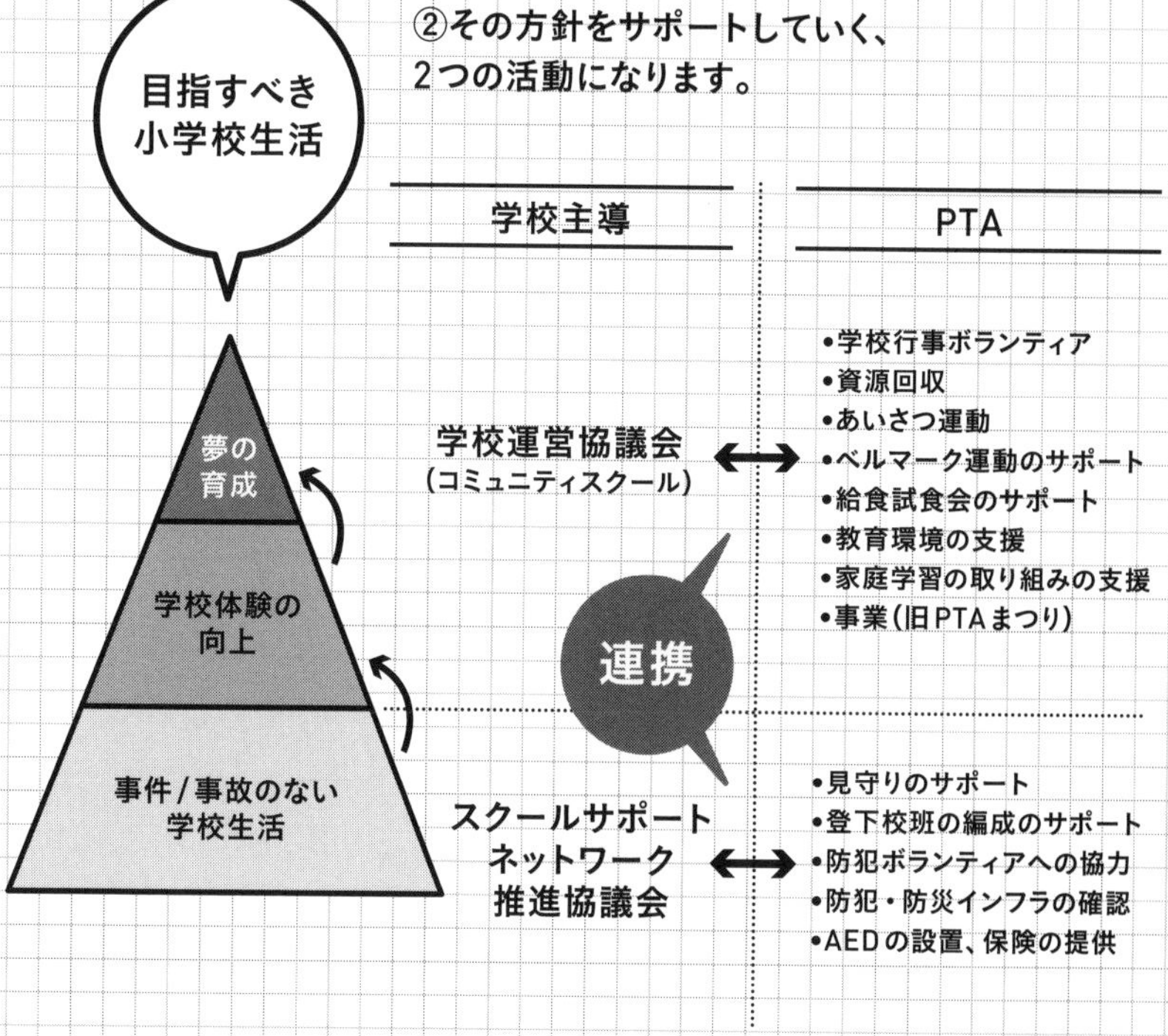


令和6年度より、栄和小学校PTAの各委員会活動は廃止する予定です。

図4　PTA活動の概要

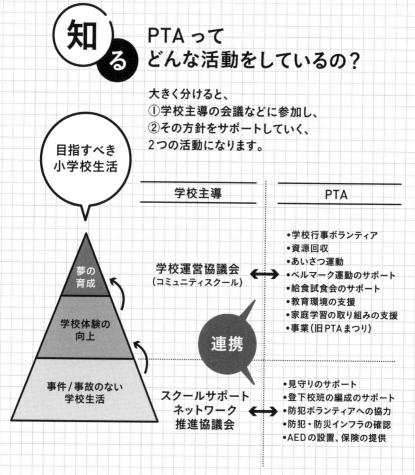

中で、どのように対策をするのか協議が必要である。

どこの場所で、誰が、登校時の見守りを行っているのか、交通旗は誰が持っているのかなど、現状の調査をしてみると、意外にも、見守り地域に偏りがあったり、見守りの当番も来たり来なかったりと不透明だったことが判明した。

その上で、見守りの場所を見直し、学校とＰＴＡが共同で、全保護者に「各家庭持ち回り制にしましたので、やってください。連絡がない方も割り振りはさせてもらいます」と見守りのお願いを出すこととした。とはいえ、日本スポーツ振興センター災害共済給付制度は、保護者には適用されない。そうした場合に備え、全国ＰＴＡ連絡協議会のＰＴＡ団体を対象とした補償制度に加入しており、ＰＴＡは見守り当番のとりまとめと保険を担うという体制だ。埼玉県互助会の保険はＰＴＡ会員しか対象にならなかったので、全国ＰＴＡ連絡協議会の保険を選択した。

## ベルマーク運動について

「ベルマーク運動の集計ボランティアを募集していきたいという夢はあります」と市村さん。ベルマーク運動は子供が参加できるボランティア活動という位置づけで、何か子どもが参加できるボランティアがあればそちらにしても良く、様々な参加の機会をつくりたいと考えているという。

## 安全のための取組

2023年に取り組んだのがAEDの設置。教育委員会からは半径150m以内に1台という基準で設置してもらっているが、実際問題体育館でAEDを使いたいと思った時に1分で取りにいけるかという現実があるため、PTAで協力して3台設置し、教育委員会が設置した1台と合わせて計4台になった。他には、PTAの総合保障制度に加入したり、運動会の子どもの熱中症予防の目的でテントを買ったり、コロナ禍で学校行事が中止になった際にそれに代わる企画を実施したり、という実績をアピールしている。

2023年には旧式の防犯カメラの更新もしようとしたが、学校設備の改修が必要だったので、断念した。クラウド式で不審な動きをAIでチェックできる最新式のものを入れようとしたが、難しかったという。

## 今後の企画について

「任意加入にして、事業もスリム化し、将来的にはベルマークやPTAまつりのような子どもたちも楽しんでもらえるような活動をしていきたい」という市村さん。

「PTAまつりをやらないのか」という声はちらほら聞くそうだが、「やるならただ楽しいだけ

# 知る たとえばこんな時——それもPTA

栄和小学校PTAがあるからできる/できたことが色々とあります。
その例をご紹介します。

**Q　登校時の旗持ち当番で、ケガしてしまった**

**A**　日本スポーツ振興センター 災害共済給付制度では、学校管理下の登校時であっても、保護者には適用されません。そうした場合に備え、PTA団体を対象とした補償制度に加入しています。

**Q　体育館でAEDを使いたい**

**A**　何かあった際に1分以内にAEDを取りに行けるよう、令和5年度より栄和小学校PTAでは体育館、北校舎、職員室にAEDを追加設置しております。

**Q　運動会、子どもの熱中症が心配**

**A**　約半日にわたる炎天下の中で、子どもが熱中症にならないよう、栄和小学校PTAから学校へテントを寄付しています。

**Q　コロナ禍で、学校行事が中止になった**

**A**　令和4年度、栄和小学校PTAは「子どもに夢を」と、若田光一さん、槙野智章さん、上林誠知さん、奥村心雪さん、あすかけんさんにご協力いただき、特別な夏休みの課題を用意しました。

図5　たとえばこんな時—それもPTA

のイベントはやらない」と答えている。「子どもたちに将来どんな大人になってほしいか」を重視し、親子で一緒に活動ができ、子どもが大人になった時の生きる力につながるような活動ができないかと考えている。

イベントについては予算もとって色々企画を考えているという。2023年は有名な書家を呼んで書道フェスティバルをやることを企画したりした。「楽しいだけでなく、学習につながることを体験できる環境をつくってあげたい」「イベントというとつい運動系ばかり考えがちだが、子どもたちの将来を考えれば、理系・文系などもっと幅広い体験学習的なイベントがあって良い」という考え方からだ。

学校側は一年生から六年生までを対象にするべきだという方針で、書道フェスティバルは一年生が除外されるからという理由で、まだ実現には至っていない。市村さんは、「校長先生とは、そこまでのイベントができるなら授業中にしようという話はしています。そうすると、子どもたち全員参加になるので。お金かけてちょっとしか子どもが参加してくれないよりは、そういう方向にも持っていってもいいかなと。ただ、そうすると学校も授業日程を組み替える必要があり、検討が必要です」と話している。

## 役員の成り手不足

一番の課題は、今後予測されるPTAの役員不足。完全な任意化と、役員選出の立候補制化の結果、みんなが「自分はしなくていい」と思いがちだ。

2024年度は役員募集をかけたところ4人（本部に1名、監査に3名）が新たに集まった。特に一年生保護者が多く手を上げてくれたという。だが、「まだ本部をやめられない人が残っているので、まだまだです。今の本部役員が堂々とやめられるくらい集まってくれるといいと思います」と市村さん。

実際に活動しているのは会長、副会長4人の計5人。あとはたまに印刷配布する際に手伝ってもらったり、運動会の時にボランティアで手伝ってもらったりするくらいだという。会計はオンラインバンキングに変えたので、自宅で作業をしている。

「副会長4人は仕事が増えて苦しんでいますが、責任感が強い方たちで助かっています。ただ、次年度以降はこのままいくと子どもの卒業と同時にPTA解散だねという話をしています。それまでに魅力的な事業を増やし楽しい活動であることを知ってもらい、参画してくれる人を増やしていきたいと思います」と市村さんは語った。

## 委員会の廃止

栄和小学校ＰＴＡには、校外指導委員会、総務委員会、広報委員会、厚生委員会の各委員会があったが、いずれも委員の集まりが悪く、活動を本部で引き取ったり、学校に移管したりした。

### 校外指導委員会

登校時の子どもの見守り（旗持ち）、登校班の編成など、子どもの安心安全に直結するものが含まれる。そのため、他の委員会と異なり、２０２２年度までは各地域から委員を選出していた。２０２３年度は数名しか委員が集まらず、体制を維持できなくなること、地域間で格差が生じて公平性が保てないことから、学校主導で実施することにしている。

### 総務委員会

２０２３年度は数名の応募があったが、活動できなかった。総務委員会の主な活動は、ベルマーク運動と、交通安全保護者の会への参加、資源回収などだ。ベルマーク運動については委員会活動から切り離し、継続できるよう検討している。資源回収などについては、委員会活動から切り離し、本部内で業務を継続することとしている。

### 広報委員会

２０２３年度の広報委員会への応募は全くなく、活動するには十分な人員を集めることができなかった。広報紙を廃止する代わりに栄和小学校ＰＴＡのホームページを開設したという経緯だ。広報紙廃止で浮いた予算（約30万円）は、子どもの安心安全に直結する活動に割り当てていく予定だという。

### 厚生委員会

２０２３年度の厚生委員会には数名の応募があったが、活動するには十分な人員を集めることができなかった。主な活動のひとつである、給食試食会の実施については、２０２３年度は委員会活動から切り離し、本部で実施した。２０２４年度は学校側に移管し、実施することとしている。

### ＰＴＡまつり委員会

２０２３年度のＰＴＡまつり委員会には数名の応募があったが、活動するには十分な人員を集めることができなかった。２０２３年度は委員会活動から切り離し、本部内で検討した。少ない人員で実施でき、子どもにとって有意義になるようなイベントを企画し、学校側と協議を繰り返したが、実施には至らなかったという。

## ▼学年委員会

学年ごとの活動を中心に、学校・学年行事のサポートを目的とする委員会。2023年度のPTAまつり委員会には数名の応募があったが、活動するには十分な人員を集めることができなかった。学年ごとの格差など、様々な課題が生じるため、校外指導委員会と同様に、学年委員会の活動を学校側に移管することとした。

以上のような経緯から、委員会については完全に廃止するということを2024年度の総会で決めた。今後のPTA運営は本部だけでやり、あとは必要な時にボランティアを募集する方針だ。

## 会員募集について

2024年度の加入率は70%だが、さらに多くの人に参加してもらうために、PTAに入れば旗持ちのために保険に入れること、学校にテントを寄付していることなどをアピールしているという。

市村さんは次のように語った。

自分がPTA活動をしているのは、もし学校で何かあった時、学校任せにしていた自分に後悔するなと思ったから。学校を監視するということが保護者のやるべきことで、それをやるのがＰＴＡだという思いでやっています。何か問題があってから対策するのでは遅く、何も問題が起こらないように対策はしていくべきだと思います。保護者にとって、結局自分の子どもの学校生活が潤うか、安全安心に過ごせるかが重要です。なので、そこにフォーカスしています。ＡＥＤやテントなど、安全安心のための事業に会費を使っていますが、まだ余剰金が多いので、もっと活動を考えたいと思っています。

## 地域の他団体との関係

学校主導のコミュニティスクール（学校運営協議会）制度とスクールサポートネットワーク推進協議会という会に参加していて、そこで保護者としての意見を述べて、ここで議論したことをＰＴＡとしての活動にしていく、必要に応じてボランティアを募集するということが、ＰＴＡの活動としては大きい。

スクールサポートネットワーク推進協議会は、見守り、１１０番の家などの活動をしている。地域団体もそれぞれ見守りの活動をしていて、自治会からは「何曜日の何時にやってます」という報告をもらうが、高齢化している団体も多く、「今年までです」といった声を上げるところもある。

2024年度では、PTAでスクールサポートネットワーク推進協議会の議長を務め、地域団体からもそれぞれ見守りやお祭り、盆踊りなどの活動状況を聞き込み、連携できる活動を模索している。地域の団体からは、PTAにお手伝い募集の連絡がくることもある。保護者に限らず子どもに対してもお祭りのお手伝い募集が来たりする。その際は子どもだけで参加でき、地域の方が見ていてくれているという。

## 上部団体との関係

こうした見直しの中で、栄和小学校PTAは、コンプライアンスを理由に、上位団体であるさいたま市PTA協議会から退会している。ある意味、ここまで多くの見直しができたのは、他の団体との関わりがないからだと言えるかもしれない。しかし、その結果、PTA協議会が案内する補償制度に加わることができなくなった。

栄和小学校PTAでは、「そもそもなぜPTAが保険を案内しているのか？その保険は、すべての子どもが対象になるのか？その収益をPTAが受け取っていいのか？」と議論を重ねた。

PTAの活動について「誰が、何のために、どうするのか？」を考えた時、決して「上位団体のための活動」ではない。見直しを進めるPTAに対し、役員不足に活用できるIT関係の情報を提供する、同意確認の必要性を周知し、確認のためのテンプレートを提供する、といったサポートがほしいと考えていた。その答えが、全国ＰＴＡ連絡協議会だったという。

現在、上位団体には所属していないが、様々なコミュニティに参加し、外部からの情報収集や協力をお願いしている。

## 今後の課題

ソーシャルメディアの普及により、どんな世代であっても、どんな環境であっても、おかしいものはおかしいと言える時代になり、暗黙のルールで回っていた仕組みに限界が来ている。

栄和小学校ＰＴＡは、何かを「させられる」団体ではなくなった。活動の本質を踏まえて、無駄な活動は、さらになくしてく予定だという。しかし、「何もしなくていいのではなく、その分、子どものために何ができるのかが大事だと考えており、共感と賛同を得られるような活動をしていく団体にすることこそ、今後の課題かと考えています」と市村さんは語った。

突然ＰＴＡ改革を始めることになった栄和小学校ＰＴＡだが、その先頭に立って、エネルギッシュに改革を進めてこられた市村さんのお話は、子どもたちの未来に向けての温かい思いがあふれていた。これからの栄和小学校ＰＴＡは、活動の担い手を増やすなど、次の段階に進んでいくことだろう。「栄和小学校ＰＴＡがあってよかった」と思えるＰＴＡをさらに目指してほしい。

CASE 5

保護者会・後援会という選択肢

# 保護者の「やりたい！」を全力で応援

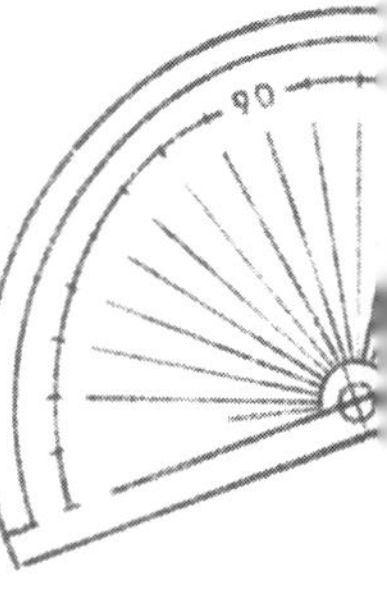


## 大津市立志賀小学校はなぞの会

〔 お話しを聞いた方 〕

| | |
|---|---|
| 会長（2024年度） | 木戸地泰孝さん |
| 副会長（2024年度） | 佐野友哉さん |
| 会計（2024年度） | 髙野真由さん |
| 図・写真提供 | 志賀小学校はなぞの会 |

## ＰＴＡを解散。地域を巻き込む「はなぞの会」へ

大津市立志賀小学校は児童数約６７０人の大規模な小学校だ。この志賀小学校ＰＴＡがＰＴＡとしては解散し、地域住民や団体も会員になれる保護者組織「はなぞの会」に生まれ変わり、活発な活動を展開していることが注目を集めている。

志賀小学校ＰＴＡは、もともとは、多くの委員会があり、学年委員など何かの役が回ってくるとか、子どもが二人いたら二回、三人いたら三回やらなければならない、特定の役職を担えば子どもが何人いても一回で免除されるなど、いわゆる従来のＰＴＡだった。会計の高野さんによると「すべてがみんなが嫌がるような役ではなく、私もＰＴＡ時代にも関わっていましたが、先導してくださる方がいて、活動してみればそれはそれで楽しい活動だったと思います。ただ、共働きも増え、母親へ負担が偏っていたこともあり、地域全体で子どもを育てる方向にシフトしていきました」とのこと。

当時の会長が、保護者の自主性と主体性を尊重した運営を目指しながらも、立候補者によって会の運営を担う役員や委員を組織することは困難な状況にあった。組織のあり方や委員定数について見直しが行われるなか、「必ずしもＰＴＡ組織でなくても良いのではないか？」という認識に至ったという。

２０１８年10月に大津市教育委員会から、「ＰＴＡ運営の手引き」が出された。これは、ＰＴＡ

の任意加入や、入会届の提出など、ＰＴＡの課題に適切に対応しなければならないということを学校管理職に周知するものだ。ちょうど、大津市がコミュニティスクール施策により、学校と地域との関わりを強め、地域と学校の両輪で子供たちを育てていこうという取組が市内で盛んになってきていた時期だ。はなぞの会の発足の背景には負担感をなくすためのＰＴＡ時代の改革と、市が推進するコミュニティスクール政策という二つの要素が大きく関係しているようだ。

これらの背景をもとに、ＰＴＡの組織のあり方や委員定数の見直しとともに、地域を巻き込んでいくという方向性がつくられた。しかし、これまでの「ＰＴＡ」という名称と従来のＰＴＡ組織では、地域団体が入会できないので、２０２０年、ＰＴＡを解散し、新しく志賀小学校「はなぞの会」が設立された。ちなみに、「はなぞの会」の名前の由来は、志賀小学校が、創立期に「花園小学校」という名前だったことのほか、近江大津京に縁があり、志賀の花園と謳われたことだということ。地域住民にとっても「はなぞの」は馴染み深い言葉で、校歌でも「文化のはなぞの」をつくることが歌われている。

## 保護者・学校・地域が連携するための会員構成

はなぞの会の規約には、「この会は、地域とともにある学校づくりを推進することを目的とする」と謳われている。会長の木戸地さんによると、「学校づくり」という言葉の前提には、「子どもたちのために」ということがある。子どもたちのために、保護者や学校だけではなく地域とともに、みんなで活動をしていこうという思いがある。

保護者は、入会届を出して正会員となる。正会員は会費負担があり、それにともなって議決権を持つ。コロナ禍の間ははなぞの会についての広報活動、入会の勧誘活動が十分できておらず、これまではなぞの会についての周知が十分にできていなかった。それでも加入率は70％を超えていたものの、自身が入会しているのかどうかわからないという人もいたため、２０２４年度、保護者全員に入会意思確認をしたところ、入会率が78％になったという。２０２４年度には規約も改正し、入会後、退会届を提出するまでは、児童が在籍する間は会員資格が継続するということを明記した。学校への転入者には学校からはなぞの会の案内をしてもらっている。

自治連合会など、子どもに関係する地域団体には、団体会員として、はなぞの会の会員になってもらい、横のつながりができた。団体会員は、何かの時に協力をしていただく「サポーター」というべき位置づけで、入会届、会費はもらっておらず、議決権もない。同時にコミュニティスクール（学校運営協議会）にも地域団体が入っていることで、地域全体で子どもたちを見守っていこうという機運が高まっていった。

教職員は任意で特別会員となることができる。２０２４年度の時点で特別会員は教頭先生のみで、学校側の窓口となっている。団体会員と同じく、サポーターという位置づけなので、入会届も会費も議決権もない。また、２０２４年からは、子どもが卒業した保護者も会費無料、議決権なしの特別会員となれるよう会則を変え、見守り活動などで、特別会員として関わっている方もいる。

はなぞの会の意思決定機関はＰＴＡと同様「総会」だが、そのあり方は会員構成と同様ユニークだ。はなぞの会は会員限定の情報発信はしておらず、総会資料については後述する学校のメールシステム「tetoru」で全保護者に配信し、「会員限定」という注意書きをつけて対面総会の委任状を提出してもらっている。ただ、自身が会員だと思っていたが会員ではなかったといった誤解もあり、若干混乱もあったが、それを機に入会してくれた人もいるという。「非会員の人も総会に出席可」と案内しており、委任状や議決の時にだけ会員かどうかを区別している。非会員には当然議決権はないが、総会で発言や質問することもできるという。

総会決議は正会員の過半数で成立すると規約で定めており、意思決定に関わる権限は会員のみが持っているが、会長の木戸地さんよると、特別会員、団体会員の意見を会の運営にどう反映させるかは今後の課題だという。

## 運営の適正化

学校に相談をして、卒業式に胸につける花、児童用の黄色い帽子、成績表を入れるファイルなど、児童全員に直接関わり、本来公費で賄うべき費用を学校に寄付するようなお金の使い方をしていたが、「それは子ども達に関わることなので、学校として徴収してはどうですか?」とはなぞの会から学校に提案をし、はなぞの会に入っている、入っていないに関わらず、学校が徴収するように変えてもらった。

一方、はなぞの会で学校図書充実費という予算を総会で承認してもらって児童向けの図書を購入し、学校に寄附する取組をしている。子供たちから購入してほしい本のリクエストを募ったり、はなぞの会のサークルである図書部と協力をして本を選んだりしている。学校に寄付する際には、学校は採納手続きをしており、図書寄贈の場合など学校からはなぞの会に対して感謝状をもらうこともあるという。

上記のように予算の見直しを行ったことで、会費の使い道が明確になってきており、無駄な支出も減った結果、会費を月300円から月150円に半減させることができたという。

## 運営体制

はなぞの会は、保護者の、子どもたちのために「やりたい」、地域と一緒に「やりたい」という言葉を実現することに力をいれている。

実は、はなぞの会になってすぐにコロナ禍になり、その間は、積極的に活動ができなかった。はなぞの会としての活動は、実質的には2023年度からスタートしたような状況だ。

役員は、会長、副会長、会計の3名。その他に、企画に向けてメインに動く担当者として8名の運営委員がいて、月1回ぐらいの会議を行っている。その企画に手を挙げた運営委員が担当者になる。運営委員は、年度初めにアンケートで決まるが、年度途中で参加してくる人たちもいる。

原則として年度当初に様々な行事の予算を立てるが、予算の中にコミュニティスクール推進費といった企画を運営するための費目があり、その枠内でイベント費用を融通できるので、「こんなことをやりたい」と提案があれば、年度初めに立てた事業計画以外に年度途中で新しい企画を担当する運営委員が増えてもできるだけ対応をしている。各事業の担当者は、運営委員の中から、その時にできる人で担当を決めている。

地域の夏祭りや文化祭にブースを出したいという希望があったときには全力でバックアップをしている。このために、地域と連携する活動に使える予算を組んでいる。

サークルは、PTA時代からある図書部、バレー部と、はなぞの会になってからできたサークル「志賀☆はぴ」がある。「志賀☆はぴ」は「子どもと一緒に大人も楽しむ!」をモットーに、週に一回体育館で子どもと一緒に運動遊びをしたり、小学校にお花を増やす活動を展開したりしている。各イベントの当日のボランティアとしては、今は、サークルのメンバーに声をかけて集めている。2024年度は「お化け屋敷」を開催し、大行列ができるほどの大成功だったという。

会計の高野さんによると、「これをやりたいという声があって、その活動に手を挙げてくれる人がいるので、うまくまわっている。大々的にボランティアで企画運営をする人を募集しても集まるものではない。やりたいという声が上がる方が先で、その声を聞いたはなぞの会がサポートする、というかたちになっている」という。「できる人ができることをできる」環境づくりをするという運営を目指しているのがはなぞの会だと言えるだろう。

## 広報活動

はなぞの会では広報紙も作っている。以前は、広報委員会があり、毎年、同じような内容のものを前例踏襲で同じ業者に依頼して、結構な予算を使って作っていた。2022年度と

図1　お化け屋敷

2023年度はデザイナーの方がおられたので、その方が主になって作った。しかし、2024年度は、Canvaというアプリを使って作成した。「前例踏襲ではなく、その時の担当者ができる方法でやるという考え方なので、来年は、また全然違うものができると思います」と会長の木戸地さん。「広報紙自体は、学校の様子や、先生の様子を知りたいという声があるので、今の形で続けているが、もし、「いらない」という声が多くなれば、やめてしまうとか、ウェブにするとか、という選択肢もある」という。

## ボランティアの募集

ボランティア募集は会員・非会員問わず保護者全体に対して行う。保険はPTA保険には入っておらず、行事ごとに一般のイベント保険を利用している。

大津市内の学校で広く使われているtetoruというアプリをはなその会も使わせてもらって会員・非会員問わず全保護者向けに配信をし、ペーパーレス化を進めている。はなその会からのボランティア募集やアンケート等の内容を学校にメールで送信し、学校が内容を確認した上で配信してくれる、という流れになっているので、学校との情報共有という面からも便利だ。2〜3名tetoruを受信できない方がおられるので、その方には紙で対応している。はなその会に団体会員として登録している地域団体もtetoruを使えるので、まちづくり協議会のボランティア募集の案内が学校経由で全保護者に流れるということもあり、そこがコミュニティスクールとしての機能だ。

一般的には市教育委員会が税金を使って運営する学校のメールシステムは、学校からの案内に限定されていることが多いが、大津市はコミュニティスクールを推進していることもあり、会長の木戸地さんが小学校と交渉した結果、子どもに関する情報なら他団体でも使えるという方針に変わったという。

ボランティア募集やアンケートの際には担当者がその時に使いやすいものを使うので、先日はマイクロソフトの「Forms」を使った。手段についてはその時々に変わり、一回ごとに使い切り、ウェブフォームでは個人情報は集めないようにしている。ただ、今のところボランティア募集はなぞの会のサークルへの声掛けで間に合っているので、tetoruを使った大々的なボランティア募集はしていない。運動会の広報委員募集の際は紙で募集し、個人情報を集めたが、はなぞの会の個人情報保護方針にそって対応している。サークル経由のボランティア募集の際も保険のために名簿が必要なので個人情報は収集している。個人情報漏洩保険は入っていないとのことなので、個人情報漏洩リスクへの対策としては検討が必要だろう。

## 通学路の見守り活動「やりたい」という自主的な声を大事に

PTA時代から活動の見直しを進めてきた結果、2024年度時点では、活動として必要なものだけが残っている状況だ。

　子どもの見守り活動については、以前は当番制で、必ず回ってくるものだった。これが、年に2回程度「○年○組の保護者がこの日は見守りに立ってくださいね」という、任意の形に変わったところ、任意なので、保護者が立っていても、立っていなくてもわからないような状況になってしまった。これにより、必要な部分への目が届かなくなったという弊害が生まれてしまった。

　すると、2023年度に、保護者の方から、「登下校の見守りを強化したい」という声が上がった。そこで、その保護者の方に会員及び運営委員になっていただき、積極的に進めていただいた結果、「見守り隊」という新しい形が生まれ、学校が募集・管理するボランティアとして登録している。そうすることで、学校の見守り活動対象の保険に加入でき、保険料も、市が負担する形ができた。

　見守り隊ボランティアの名簿は学校の教務担当の先生が管理している。この見守り隊ボランティアは、はなぞの会の会員、非会員を問わず、登録をしてもらっている。さらに、学校には、担当日の前日に黄色のベストを子どもたちを通じて各家庭に渡すことを提案してもらい、実施

図2　見守り隊

してもらっている。

自治会の会議にもはなぞの会として参加させてもらい、「見守りの目が足りません！」と訴えた。ボランティア登録をすることで保険に加入できることなども丁寧に説明して声かけをしたところ、これまでも遠目に見守ってくださっていた地域の方など、多くの方にボランティア登録をしていただけることになった。今年からは地域の交通安全協会の方にも参加していただき、危険個所のチェックのために一緒に回ったりもしているという。

はなぞの会が保護者や地域にアピールして、ボランティア登録については学校が担当するという連携ができている。任意団体であるはなぞの会は、なるべく個人情報の管理をすることなく、保険料などの負担もなく、学校との連携により上手に地域ぐるみの見守り体制が整えられていると言えるだろう。

## 地域諸団体と連携し、大規模商業施設で学区の文化祭を開催

保護者から手が上がったときに応援できる体制を取っているはなぞの会だが、志賀学区まちづくり協議会主催の「文化祭」もその一つだ。はなぞの会の存在により、地域や保護者の方々の表に出てこなかった力を地域の方に向けて発揮することができればいいという大きな理念がある。

もともと、佐野副会長は、はなぞの会とは別に、２０１７年に志賀学区内にできた商業施設を

利用して個人的に音楽イベントを開催していた。その繋がりを活かして、地域の文化協会、まちづくり協議会の方と話をして、これまでコミュニティセンターや小学校などを利用していた学区の文化祭を商業施設でできないかという相談をした。その商業施設は規模も大きく、地理的にも学区の中心にある。商業施設を運営する企業も、地域と繋がりたいと考えていたので、実現することができたという。

文化祭では、コミュニティセンターで活動している音楽・舞踊関係のサークルの方を中心としたステージ出演や、習字、絵画などの展示があり、日頃地域で文化活動をしている皆さんのお披露目の場となっている。地元の中学校のブラスバンドの演奏や、地域のダンスサークルなど世代を超えた住民が集って、文化祭を作りあげている。このイベントを実行する過程で、老若男女が集って、関わりの中で生まれるものがあるのではないかという思いで毎年続けているという。

また、まちづくり協議会女性部が中心となり、文化祭の最後に志賀の伝統的な「江州音頭」を櫓の周りで参加者みんなで踊るという行事が目玉になっている。これは、滋賀県に長く住んでいる世代が上の方々はみんな踊れるが、若い人たちは踊れないので、次代に残していくためにも行っている。

20店舗ほどのテントが出店するマルシェには、はなぞの会も出店してハンドメイド作品を販売したり、はなぞの会のサークルも出店したりしている。子どもたちには、それぞれの習い事等の活動で参加したり、モニュメントを作ってもらったりもしている。

第49回 滋賀学区
ふれあい
文化祭
2022
10月 29日(土) 30日(日)
ブランチ大津京
滋賀コミュニティセンター
10月29日(土)のみ 11:00～16:00
ブランチ大津京
〒520-0021 滋賀県大津市二本松1-1
① ステージ発表
② マルシェ出店
③ キッチンカー
④ スタンプラリー
⑤ 江州音頭
10月29日(土)10:00～16:00
10月30日(日)10:00～15:00
滋賀コミュニティセンター
〒520-0011 大津市南志賀一丁目8-32
① 作品展示
大津京
主催：滋賀学区まちづくり協議会

図3　文化祭

はなぞの会の活動は、学校内で完結しがちだった従来のＰＴＡとは違い、学校から外に出て地域全体に広がって、地域の絆づくりにも貢献していると言えるだろう。

## はなぞの会の今後

保護者の「やりたい」という声を大切にし、そのサポートに尽力しているはなぞの会だが、今後についてはどのような見通しを持っているのだろうか？役員の皆さんに聞いてみよう。

### ▼会長の木戸地さん

コロナ前は、お父さんたちが関わってくれていましたが、今は、高野さんとか、志賀幼稚園保護者会で活動していた人たちという風に、その時々で関わってくれる人たちが、負担感なく楽しく関わっていることが伝わっていけば、変わってくると思っています。６学年もあって７００人弱も児童のいる規模であれば、保護者会に関わりたいと思われる方は少数でも必ずいるのではないかと思います。広報活動などを地道に続けて知名度を上げていくことで続いていくのではないかと思います。

以前関わっていた人たちが、仕事が忙しくなって関われなくなっても、また別の人が関わってくれるという風に、組織がスリム化し、前例踏襲になっていないことによって可能になっているのではないかと考えます。
はなぞの会には、私は子どもが卒業しても関わりたいと思っていますが、もし担い手がいなくなり、仮にはなぞの会がなくなったとしても、違う形で課題を解決していこうという動きが生まれてくるのではないかと信じています。見守り活動はその一例。子供を思う気持ちがあれば、違う形でも、何かの形で生まれてくるのではないかと思います。

**副会長の佐野さん**

はなぞの会があることで、地域の方や保護者の方の力がよりよい学校づくりにつながるという思いで取り組んでいます。できることなら、今後も関わっていきたい、と思うものの、組織が続いていったとしても、所詮組織は人。中心になる方がいなくなるなら、無くなっても仕方ないと思います。前例踏襲じゃないということは、続けないということも含んでいます。これは課題かなと考えていますが、解決方法はわかりません。

**会計の高野さん**

やりたいことがあって、やりたいと思う人がいて、はじめてはなぞの会として応援ができるのですが、そういう声がいつまでもあるとは限りません。現在は、ママ友のネットワークでやりたいという声が伝わってくる状況ですが、今後、やりたいことが出てこなくなるかもしれないという不安はあります。今は、地域内にある滋賀幼稚園の保護者会で頑張ってきた人たちが小学校に上がって関わってくれています。しかし、周りから見るとその人たちが大変そう見えているという実態があります。ハードルを下げて、「私もできそう」「関わってみようかな」と、誰でも声をあげられるようになればいいなあと思っています。どうやって関わってもらえるかということが課題です。

保護者からの悩みや困りごとがあるときに、どこに話をすればわからないという声があったので、保護者間の交流ができる場を検討中です。しかし、これには学校との強い協力が必要です。先生の協力も得たい、でも先生の負担も軽くしたい、というジレンマの中で、先生たちとの接点も作りつつ、関わってもらえるようにしたいと考えています。今は保護者会なので、ＰＴＡ時代ほど教職員とのつながりが強くないため、見守り活動などを通して先生たちとの接点をつくろうと努めています。

まずは、保護者間の交流を大切にしていきたいので、なるべくたくさんの人に声をかけたいと頑張っています。登校時に付き添っていくと、同じように付き添ってきた保護者とも話ができるので、どうすれば関わってもらえるかなと考えているところです。

コロナ禍があったので、今年ははなぞの会にとって「元年」。これまで我慢してきたものが、地域や保護者の方から、さあいいですよと開かれた状態なので、パワーがあります。はなぞの会が続いていくことが希望ですが、手が上がらなかった場合は、無くなっても仕方がない。手が上がる場合は、全力で応援したいと思います。子どもたちが大人になったときに、地域に戻ってきたり、自分の地域のために、力を還元したりしてもらえればと思います。

保護者の自主的な「やりたい」という気持ちを応援する「はなぞの会」。その活動は、学校から外に出て地域全体に広がっている。地域との連携にここまで舵を切ったＰＴＡ団体は少ないのではないだろうか。コミュニティスクールの増加をふまえ、今後の一つのモデルとなっていくだろう。

「子どもたちが大人になった時に、地域のために力を還元してもらえればと思っている」というお話もあり、子どもたちが育つ地域への大きな愛情を感じることもできた。

「お子さんの卒業後は？」と聞くと、全員が「これからも関わっていきたい」と答える一方、「やりたい人がいなければ、なくなっても仕方ない」とも。組織の継続ではなく、子どもたちのために、「できる人が、できる時に、できる方法で、できる分だけ、楽しく」というボランティアの原点と言えるだろう。

CASE 6

保護者会・後援会という選択肢

# PTAから後援会による学校支援中心の活動へ

## 流山市立おおたかの森中学校 生徒活動後援会

〔 お話しを聞いた方 〕

| | |
|---|---|
| 戸崎真澄さん | 2020年度PTA副会長、2024年度後援会副代表 |
| 髙橋眞希子さん | 2020年度PTA会計、2024年度後援会会計 |
| 金井美穂さん | 2022年度PTA会長・市P連副会長、<br>2023年度PTA会長〔市P担当〕・市P連会長 |
| 矢倉湖加さん | 2023年度PTA会長〔単P担当〕 |
| 図・写真提供 | おおたかの森中学校生徒活動後援会・PTA |

## ＰＴＡと後援会の機能を明確化

千葉県流山市は都内へのアクセスの良さから近年子育て世代を中心に人口が増加し続けている。流山市立おおたかの森中学校は生徒数５６０人。２０１５年におおたかの森小学校との小中併設校として創立された比較的新しい学校だ。おおたかの森中学校でも２０２３年度まではＰＴＡがあったが、２０２０年度からＰＴＡが明確に別の団体としての後援会の立ち上げを検討し、２０２１年度から後援会が発足し、学校への寄附支援をメインとした活動を展開している。

従来のＰＴＡでも寄附の任意性が確保されており、所定の手続きをとっていれば学校への寄附は可能だが、全国のＰＴＡでは入会の任意性が確保できていないところが多かったので、会費収入をもとにした寄附の任意性が問題になる事例が多かった。おおたかの森中学校生徒活動後援会の取り組みは、寄附機能を組織的にＰＴＡから分離することで、その解決を図る取り組みと言えそうだ。

## ＰＴＡ時代から進んでいた改革

おおたかの森中学校ＰＴＡも以前は全員加入のＰＴＡだった。もともと任意加入でないとまずいという議論は内部であったが、２０２０年度にコロナ禍に入ってＰＴＡ活動ができなくなり、

「緊急事態宣言解除後も思うように活動できないなかで、任意加入の徹底に着手しようかという話になった」という。

きっかけは隣接する小学校PTA会長から小中で足並みを揃えて入会届の整備をしてはどうかとの提案があったことだった。本格的な任意加入徹底のための改革が行われたのは2020年度。2020年度役員だった戸崎さんと髙橋さんは書籍やネットで情報収集を行い、2021年5月の総会にあわせて、当時の会長（現後援会代表）が主軸となり、初めてZoomを使って3回任意加入徹底に関する説明会を開催した。「PTAを無くす気なのか？」という質問も寄せられたが、総会資料は書面で配布してウェブフォームで議決された。説明会の参加率は当時の会員の10％ほどで、入会届を整備した結果、年度当初は前年度の643会員から約40会員に減ったが、その後増加し、2022年度には377会員にまで増えている。

入会届導入の背景としては、以前から保護者から任意加入でないことに対する批判があったそうだ。ただ、「今まで全員加入でやってきたのになぜ変えるのか」と入会届の導入に反対する声もあり、スムーズに進んだわけではなかったようだ。

役員・委員等の活動強制もPTA時代に改めている。2020〜2021年度はコロナ禍で活動がなかったので、ボランティア募集自体もなかったが、2022年度からは免除制を廃止し、行事サポートは行事ごとのエントリー制として、立候補した人が活動を担う体制に変革した。

2022年度までは各学級から2人クラスサポーター、各学年2名の代表サポーター（2023

年度は学年サポーター）を選出し、手集金でPTA会費の集金業務をしていた。PTA会費だけでなく学校の費用の徴収も学級サポーターが行っていた。2023年度以降、学校の費用は口座引き落としになったため、2023年度はPTA会費の集金のみを行っていた。2022年度からは活動も立候補制になったため、欠員も生じることとなり、実際に2023年度は各クラス2名のクラスサポーター、各学年2名の代表サポーターを募ったが、新1年生の応募者は3名しかいなかった。2023年度末の規約改正で、学級のクラスサポーターは廃止している。

2023年の4月にはPTA改革に関する説明動画を配信している。その中で、

**◉入退会は教職員も含め自由**

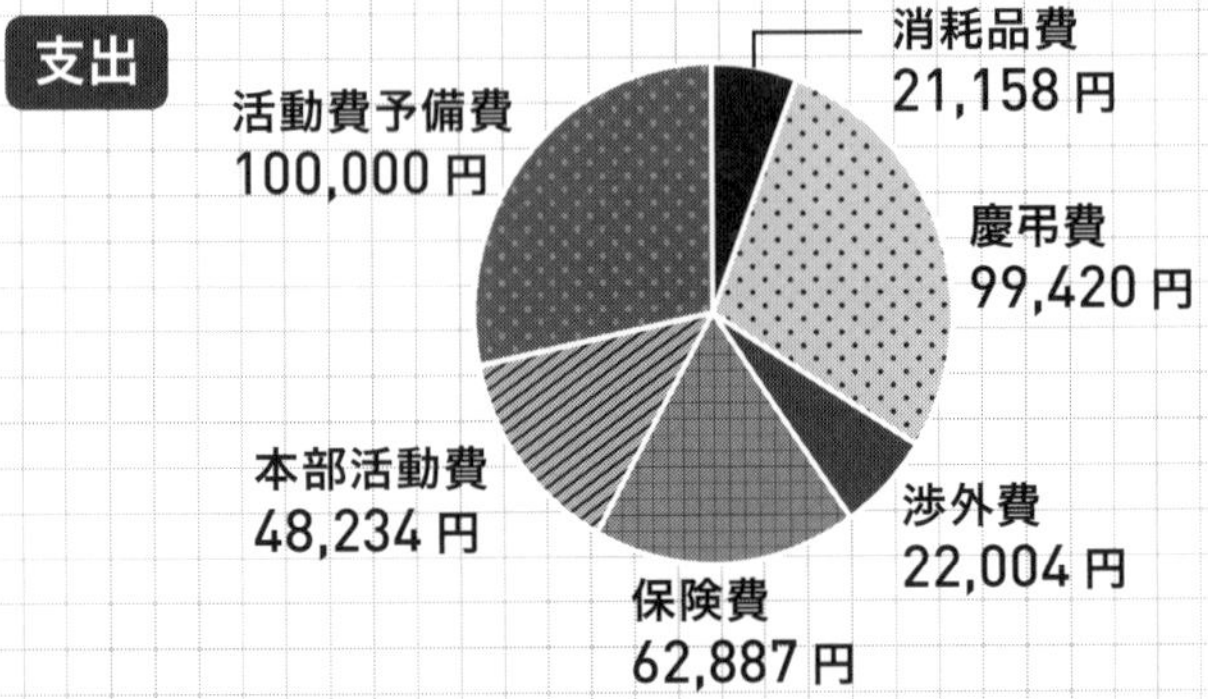


| | | |
|---|---|---|
| 収入 | PTA会費 …… | 754,000円 |
| | リユース …… | 120,400円 |
| | 繰越金 ……… | 334,951円 |

図1　2022年度PTA決算

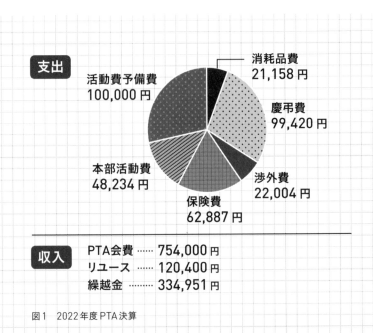

◉会員・非会員の扱いに差はない
◉サポーターは会員だけでなく非会員も参加できる
◉免除制は廃止済
◉活動内容は体育祭・合唱コンクールの運営サポート、制服のリユース販売、近隣校との意見交換、保険の契約

などの点を強調している。

２０２２年度決算によると、収入は年会費２０００円×３７７会員（保護者＋教職員）で会費収入が約75万円、制服リユース販売の収入が約12万円、繰越金約33万円で、支出は消耗品費約２万円、慶弔費（卒業式等での先生への花束）約10万円、渉外費（市P連・県P連会費、他校との意見交換会費等）約２万円、保険費６万円、本部活動費（Wi-Fi料金等）約５万円という規模感だった。

ペーパーレス化と業務のスリム化によって経費が削減できたこともあり、２０２３年度総会資料によると、会員数は２９１、会費を１０００円に減額している。また、サポーターのいわゆる「免除規定」もこの総会の会則改定で削除し、慶弔費も廃止し、総会もウェブ開催を可能とすることを規定している。

## 学校への寄附は後援会が担当

実は以前からPTAとは別に後援会があり、PTA会費とは別に保護者から後援会費を手集金と振込（2023年度以降）で一口2000円から集めており、会計も別にしていたが、後援会の役員には元PTA役員が就任していた。千葉県では、PTAと一体的に運営される後援会がある公立中学校は珍しくないという。

旧PTA時代から学校の備品等の寄附を行っていたが、任意加入が徹底されていない状態での寄附行為という課題があった。学校としてもPTAからの寄附を期待している実態があり、中学生の部活の遠征費等にも堂々と保護者からの寄附を充てられるようにしようと、2020年度に学校からの要請を受けて、学校への寄附を目的として明示する団体「生徒活動後援会」として別立てして明確化することになり、2021年度から新しい後援会として出発した。

後援会の機能を明確化するにあたり、PTAと後援会の支出を整理して仕分けしたところ、本当にPTAに必要な費用はほとんど残らず、学校への寄附を後援会に一本化することができたという。

2021年度以降、後援会役員はPTA役員だったメンバーが務めている。2024年度は現役生徒の保護者も後援会役員を務めているが、今後は現役保護者のいない、賛同者による役員構成になる可能性もあるという。教職員や保護者に会員資格を限定する従来のPTAとは別の会員制度を持つ、一般の地域団体と似た組織と言えるだろう。

２０２１年度以降、後援会の趣旨に賛同する人は一口３０００円から寄附できることとし、個人情報を収集しないよう、無記名で寄附を受け付けている。現役の保護者だけでなく、卒業生の保護者や卒業生からも寄附を募りやすい面が後援会にはあるだろう。

喜ばしいことに部活が大会で勝ち進んで遠征費が嵩んだために、寄附だけでは足りず難しい面もあるという。

後援会の支出の８割は部活動支援だ。年度初めに部員数に応じて支給している。残りは学校からの要請に応じて教育活動のための費用として寄附しており、使い道は学校に一任し、収支報告をもらって、後援会が監査するというしくみだ。

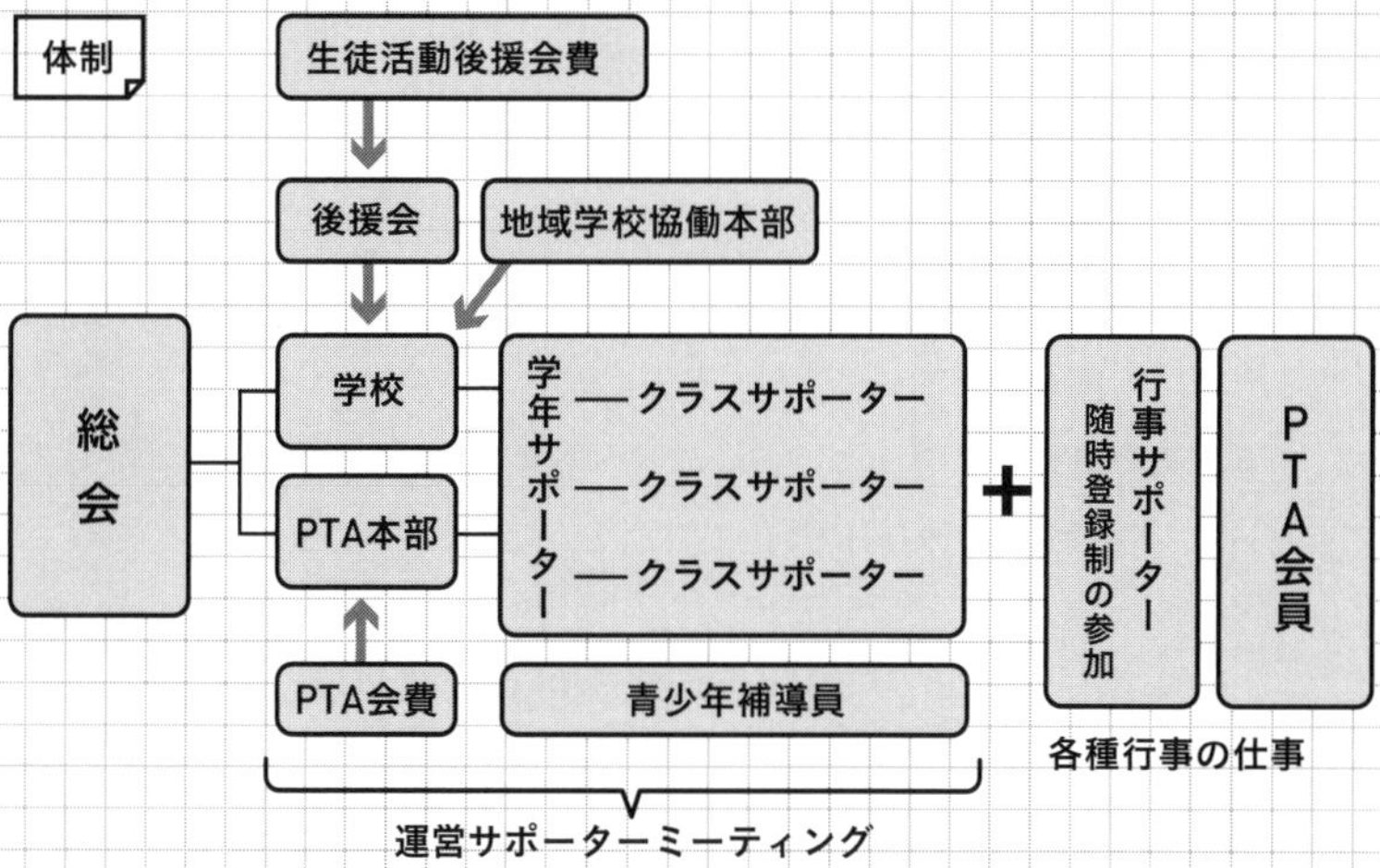


図2　2023年度後援会を含む体制図

## 2024年度からPTAは親の会として縮小へ

2021年度に新しい後援会が発足し、2024年度からPTAは親の会に変わったが、両者はセットで構想されたわけではなく、二つの動きに直接の関連はないという。

改革後のPTAと親の会はどう違うのか？　金井さんは「実際やっていることは変わらない。PTAを改革して変わった点をPTAだより等で伝えても、あまり読まれておらず、従来のPTAに否定的なイメージを持ったままの人から批判されることもあった。また小学校から上がってきた人や在校者の保護者で、これまでポイント制で嫌々委員をやってきた人から立候補制にすることへの批判も出たので、これまでの否定的なイメージのついたPTAから切り離したかった。中身を見てもらえないならタイトルを変えよう、ということ」と語る。

PTAから親の会に変わったものの、教頭先生は引き続きメンバーとして入っており、「親と先生の会」的な側面も残している。PTA時代は教員の加入率はほぼ100％で、2021年度に入会届導入後は教員の加入率は2022年度に8割ほど、2023年度に半分くらいになっていたので、保護者と教職員が構成するPTA時代からは大きく変化したと言える。矢倉さんによると、「PTA時代に一番やりとりするのは教頭先生で、それ以外は青少年指導関係の会議で担当の教職員も会合に参加するくらいだったので、保護者と教職員の会としての実態はあまりなかった」という。

親の会のメンバーは保護者8人(全員役員)と教頭先生。役員構成は会長2名、副会長2名、会計2名、書記2名となっている。一般の保護者は会員ではないため、親の会から費用請求を受けることはなく、非会員(対象者)としてお知らせを受け取り、ボランティアに応募したり、アンケートに答えたりできる。矢倉さんはこれを「任意加入すらやめた」と表現する。任意加入した保護者多数を会員として組織することすらやめ、団体構成員は役員のみとする、という趣旨だろう。親の会からの発信は教頭先生経由で学校からの一斉メールで配信してもらうというしくみになっている。

PTA時代に任意加入を徹底した際、当時加入していた保険では非会員を対象にできなかったため、ボランティアを募集しても、応募した人を会員と非会員に分け、非会員には保険非適用であると説明しなければならなかった。広くボランティアを募集したいにも関わらず、保険が原因で制限をかけてしまうことになっていたという。そこで「会員」「非会員」という区別をやめ、団体傷害保険に入るのもやめ、ボランティア募集で連絡のために個人情報を取得することから個人情報漏洩保険だけは入ることにしたという。損害賠償保険は入っていない。ボランティアに応募した人には保険は適用されないが、今のところ特に問題も起きていないという。

金井さんはPTA会長を経験しただけでなく、2023年度の市PTA連合会の会長だった。市内には従来のあり方を変えないPTAがある一方、開校時からPTAを設置していない学校もあったため、「解散することに比べれば、形を変えて親の会にするくらいの改革はできるのでは」との思いもあったという。

親の会から部活や学校へは一切お金を出していない。お金は後援会に集中させるため、２０２２年度は２０００円、２０２３年度は１０００円だった会費も、２０２４年度に親の会になってからは無しにした。

おおたかの森中学校ＰＴＡ・親の会では制服のリユース販売事業を行ってきており、その売上のみで経費を賄おうとしている。

制服のリユース販売では、単価２０００円等の値付けで1回の販売会の売上で10万円の売上が立つなど、それなりの収入になり、2年分くらいの活動費はまかなえるという。ただ、当初は賄えそうだったが、２０２５年度から中学校の制服が変わることになり、やや見通しが悪くなった。

２０２４年度の親の会の予算では、個人情報漏洩保険、退職教員への花束、被災地への寄附が支出項目で、あまり大きな費目がない。大きな出費が必要な場合は後援会から補助金をもらえるように２０２４年度に親の会、後援会の規約を改正した。寄附する人にも予め親の会に寄附することがあることに同意してもらうようにするという。

ただ、後援会の方に寄附が順調に集まらなければ親の会の収入問題にもつながるため、２０２４年度にＰＴＡが親の会に変わるにあたり、「ＰＴＡが集めていた年会費もなくなるので、ぜひ後援会に寄附を」と入学式で保護者に呼びかけたという。

会費をなくすための検討の過程で、制服のリユース販売以外にグッズ制作販売などの案も出たが、「やることを増やすのはやめよう」「今は増やすときではなく削る時」という役員の反対で没になった。

金井さんによると、親の会の活動目的は「学校に対するマンパワーの提供」だ。地域学校協働本部の学校支援コーディネーターもおり、それぞれのボランティア募集のすみ分けも意識している。親の会は学校行事へのマンパワー提供が主なので、地域の一般住民ではなく保護者のなかからボランティアを募っている。地域学校協働本部のボランティアは特技や専門性が必要となる場面があるため、誰でもできるボランティアの受け皿として親の会があるという。

親の会の活動内容は体育祭や合唱コンクールの際のパトロールや交通安全のための見守り活動、社会福祉協議会ほか各種地域団体との連携活動がメイン。教育委員会から開催を促される家庭教育講座は実施しておらず、活動内容はとてもスリム化されたという。

図3　制服のリユース販売

金井さんは「従来のＰＴＡは、講演会など例年通りの活動をすることが前提になっていて、そこから具体的に何をするか考えていた。子どもたちのために何をするかという発想になっていなかった」、矢倉さんは「今は興味があれば色んな講演に自分でアクセスできる時代なので、一学校のＰＴＡがする必要は無いのではないか」との思いもあったという。

事務面でもスリム化を実行した。ＰＴＡだより等の配布物に手間もお金もかかっていたので、Wi-Fiを導入して紙の配布物は廃止した。保護者への連絡は学校からの一斉メールで配信してもらい、アンケートなど返信が必要なものは親の会で導入したグーグルアカウントを使い、メールやウェブフォームで連絡してもらうという。

流山市の中でも特におおたかの森地域は新しい住民が多く、昔からのやり方にこだわる人も少ないため、改革やスリム化を比較的スムーズに進めることができたそうだ。

ボランティア募集にあたっては、メールで募集し、応募する人にだけ回答してもらっている。何をやるのかと日付が明確になっていれば、全然集まらないということはなく、集まった人数でやれることをやっている。親の会のメンバーだけで8人はおり、ボランティアが必要な場合も多くて15人ほどまでなので、ボランティア集めにそれほどの支障はないという。昔よりも体育祭の時間も短くなっており、お手伝いボランティアの負担も減っているという背景もある。

役員募集の際は、メールで全保護者に募集をかけている。「どれくらいの人がメールを読んで回答しているのか」を知るために、応募する・しないに関わらず回答を求めているが、何らかの回答をしてくれる人は半分以下だ。会長・副会長はなかなかいないが、「書記・会計なら」「誰もいなければ」と手を挙げてくれる人もいるという。

金井さんが市P連の会長になる際に、矢倉さんに校内の方の会長をやってほしいと依頼して、矢倉さんが引き受けてから、2023年度は2人会長制になった。矢倉さんは「副会長が複数いるPTAは多いが、会長はたいてい1人で孤独。2人いると相談ができていい」、金井さんは「もともと会長は1人で役員7名だった。会長が1人かどうかはその年度で好きに決めてもらえればいい」と語る。

2023年度末で市P連を退会した。市P連に入っているだけで協力金の負担があるからだ。市P連の輪番制に疑問があったため、実は2020年度の改革時から退会を検討していたが、2023年度に輪番制の会長職が廻ってくる前に退会するのは良くない、その役目を終えてから退会しようという判断が引き継がれていたという。金井さんは市P連の会長をしていて内情を知っているだけに、「入らなくても大丈夫」と判断できたという。

金井さんは「市P連の活動は誰かがやらなければならないとは思うが、持ち回りで単位PTAの会長が市P連の会長になってしまうと、自分の子どもの学校のことだからやろうと思ったのに、他の仕事まで増えてしまうということが許容範囲を超えていた」と語る。市P連を抜けても特に支障はなく、負担も減ったという。矢倉さんは「単位PTAの会長と市P連の会長を、仕事をしながら1人でこなすのは無理。2人会長だったから何とかなっていた」と話す。

市P連から退会すると、市P連に加入することで参加できていた総合補償制度に入れなくなり、中学校在籍生徒だけでなく小学校在籍児童にも関係するため、小学校に向けて案内を出す必要があった。

地域との関わりでは、青少年補導員の募集はPTAとして行い、地域のお祭りに際しては補導員とPTA役員が見回りに当たっていた。親の会になってよりスリム化した結果、PTA時代に参加していた各種地域団体との連携をどうしていくかは今後の課題だという。

## 寄附を中心とする後援会という選択肢

おおたかの森中学校の事例のように、学校に対する寄附をメインとする方法は、学校主体によるボランティア募集や校費による外注という方法もある中で、今後の方向性の一つとして参考になるだろう。

また、後援会の場合も、親の会の場合も、実際に活動をする人のみがメンバーとなり、寄附やボランティアを募集していくというのは最も身軽な形だ。

特に心身ともに大人へと成長していく中学生は、自立心を養う意味でも「後方支援」のような関わりが適していると考えられる。そのため、小学生との関わり方とは根本的に異なる中学校のPTAの今後の方向性としては、現実的な取り組みと言える。

# CASE 7

上部組織からフラットな支援機関に

# 1970年代から任意加入徹底を推進

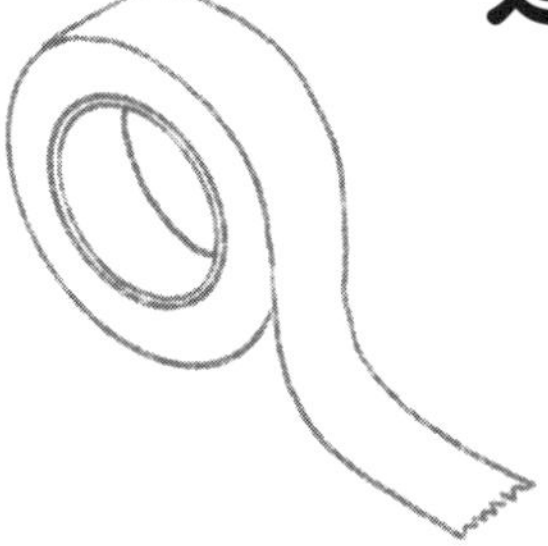

## 奈良市PTA連合会

［ お話しを聞いた方 ］

| | |
|---|---|
| 山野賢二さん | 会長（2023年度～） |
| 岡田由美子さん | 前事務局長（2013年度～2023年度） |
| 図版提供 | 奈良市PTA連合会 |
| | http://web1.kcn.jp/nara_city_pta_hp/ |

## １９７６年（昭和51年）から「任意加入」を呼びかけ

「ＰＴＡの任意加入」、「ＰＴＡ入会申込書」という言葉がメディアで頻繁に話題に上るようになったのは２０２０年前後からのことだが、奈良市ＰＴＡ連合会（１９６２年に「奈良市ＰＴＡ協議会」として発足。以下「奈良市Ｐ連」）では１９７６年に改革を行い、従来の協議会体制から「民主的活動型」の連合体へと形を変え、同時にＰＴＡは任意加入の組織であることを伝えてきた。

「正しいＰＴＡのあり方を貫き通してきたのが奈良市Ｐ連です」と言う前事務局長の岡田さんは、「任意加入」のことが世の中で話題になって初めて、他市の多くのＰＴＡではそのような運営をしていないということを知り、「なぜそんな当たり前のことが問題になっているのか」と驚いたという。「奈良県だけでなく全国を調べても、奈良市ＰＴＡ連合会のように昔から任意加入を推進してきた団体は他になく、それが不思議だったが、１９７０年代からＰＴＡの本来のあり方を問い直し、目的を明確にして活動してきた先輩役員方に先見の明があった」と岡田さん。１９７０年代に改革をした役員たちは教育や行政・法律の専門家というわけではなく、一般の保護者たちだったという。

奈良市Ｐ連のＨＰでは、市Ｐ連の最も大切な役割として、「単位ＰＴＡを支えること」と明記されているが、お話を聞いて、単Ｐにとって頼りになる、あるべ

奈良市PTA連合会
Nara City PTA Association

き連合会の姿を知ることができた。

## 約9割の単位PTAで入会申込書

「任意加入」について、早くから取り組んできた奈良市P連だが、2015年頃の時点では、単P役員向けの学習会で、「PTAは任意加入の組織である」ことは説明していたものの、「本来は入会申込書をとらないといけない」と言及する程度になっており、実際にどのくらいの学校が入会申込書を導入しているのかは把握できていなかった。タレントによる発言がきっかけとなってPTA叩きが始まった2016年、実態調査を実施したところ、入会申込書を取っているのは、加入PTAの約4分の1に過ぎないということがわかった。

そこで、毎年度初めに行う単P役員向けの学習会で入会申込書を取る必要性を強調すると同時に、入会申込書を取っているかどうかや、退会者がどれくらいいるかの実態調査を行い、その結果をグラフにして見える化をしてきた。入会申込書整備に消極的な単Pにとっては、周辺校のPTAがどんどん入会申込書を整備していくという状況が発奮材料になっていった。それが功を奏し、2023年度の調査では、89%の単Pで入会申込書を取るまでになったという。連合会ぐるみで取り組んだ成果と言えるだろう。ただ、これだけ時間をかけても入会申込書をとらないPTAというのは様々な要因によって困難な状況がある。8年間の取組で100%ではないがほぼ入会申込書が整備されたと考え、2023年度をもって調査は終了したとのこと。

入会申込書を整備した単Pでは、ほとんどで入会率は90％ぐらいということだが、中には30％程度のところもあるそうだ。早くから入会申込書を導入しているところほど、任意の周知がされており、PTAに加入することへの抵抗がないためか、入会率が高く、入会申込書の整備が遅れたPTAほど入会率が下がる傾向があるという。早くから適切な運営をし、入会申込書整備も速やかに実施したところは入会率を高く維持し、会員の不満が高まった後になって入会申込書を整備した場合は加入率が下がる、ということだろう。

入会申込書の整備が進まなかったPTAの役員は「自分の代でやりたくない」と考えて先延ばしにしようとする傾向が強かったという。

## 入会申込書整備が進まないPTAへの説明

入会申込書の整備を積極的に呼びかけるようになって1～2年は、「入会申込書を取れば会員が減ってしまうのでは」と不安視する声も出たが、「退会者がいても、かまわない。入会してくれた人たちでやれることをやればよい」と伝えており、その後は退会者が出ることを恐れなくなったという。連合会からは、「入会者が減って会費収入が減っても、その予算内でやればよい」と伝えていて、その考え方が浸透している。入会申込書を整備して会員が3～4割に減ったPTAからも、特に財政や活動について相談は来ていないという。

## 手厚い単P支援体制

奈良市P連のホームページには、「PTA運営の手引き」、「PTA役員選考について」、「学級活動費の使い方」、「次年度へのスムーズなバトンタッチ」、「個人情報保護規定の雛型」、「広報技術研修会資料」など、PTAの運営に役立つ様々な資料が掲載されている。これらは、年数回校種別に開催する部会（学習会）の資料だが、時代が変われば、役員の悩みも変わってくるので、質問や相談が多かった内容や、理解されにくい部分を中心に、毎年、実態に合わせて内容を更新しているそうだ。

特に「PTA運営の手引き」には、PTAの歴史、目的、活動、学校との関係、任意加入のあり方、会費の使途、学校への寄附、学級委員決めにおける人権問題、非会員の子どもに対する差別などについて詳しく、かつわかりやすく説明されており、PTAに関わり始めた役員にとって心強い資料となっている。

「PTA運営の手引き」を作成してHPに掲載した

図1　PTA運営の手引き

ことで、単Pの役員だけではなく一般の保護者や教員にも「PTAはこういう組織である」ということが伝わったという。印刷して全保護者に配布したPTAもあるそうだ。ただ、「委員のボランティア制や、非会員の子どもを差別しないことなど、PTA改革をする上で重要な事項については、単Pの会長の考え方によって、理解が得られない場合があるので、毎年、伝えていかなければならないと考えています」と岡田さん。

会計に関する研修資料はホームページで一般公開はしていないが、帳簿のつけかたなど、質問が多い点を中心に図版を入れてわかりやすく伝えている。資料作成、更新を担当する事務局では、文字ばかりではなく、図やイラストを入れて、初心者でもわかりやすい資料作りを心掛けているとのこと。

部会については、以前は規約で年6回以上開催と規定されていたが、近年の保護者の生活形態の変化に伴い、現在は規約で年間4回以上としている。部会の学習会の内容は連合会の理事が、自分たちのPTAの現場で出てくる疑問や課題をもとに相談して決め、事務局が会場等の手配をする体制になっている。

また、奈良市P連の目的は単Pの支援という言葉通り、奈良市P連は単P独自で開催することが難しくなった講演会や研修会等を、奈良市の保護者全員を対象に行っている。

教員の働き方改革、子育てや教育について、特別支援教育、不登校支援など、全ての保護者に知ってもらいたい内容を取り上げて「全会員対象研修会」を開催している。これは、ＰＴＡ会員ではない保護者、奈良市Ｐ連に加入していない学校の保護者も参加できる。こちらの資料もホームページからダウンロード可能で、研修会の模様は広報紙『奈良市ＰＴＡ』で詳しく紹介されている。

奈良市への要望書の提出や市長との懇話会など、行政への要望活動も活発に行っている。２０２４年の２月に奈良市の小学校で教師による児童の盗撮事件が起こった際には、翌月に奈良市Ｐ連から奈良市教育長宛に更衣室・監視カメラの設置や鍵の管理徹底を求める緊急要望書を提出している。

## 学校とも連携した奈良市Ｐ連の運営

奈良市Ｐ連の理事は、各部会ごとに単Ｐから輪番で選出されるが、以前に比べて、理事の担う役割は激減しているそうだ。部会の運営は理事が担当するが、内容を決定すれば、会場や講師の手配、資料の準備など、必要な業務は事務局が行っている。

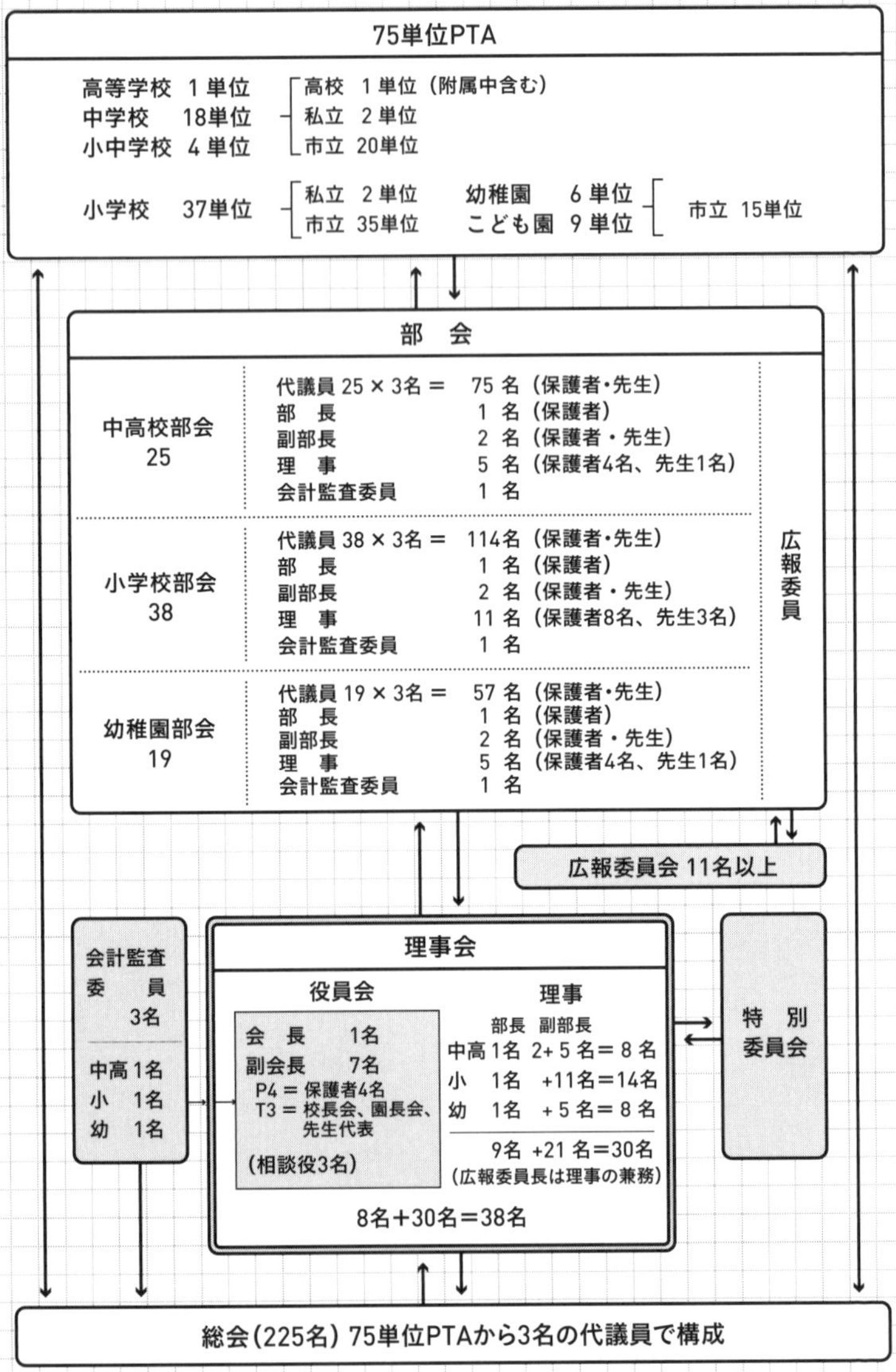


図２　奈良市Ｐ連の組織図

奈良市P連の活動は強制ではないため、単Pのことを優先しながら関わることができる。年4回の部会を欠席する場合も特に連絡は不要で、資料は後日事務局から送ってもらえるという。理事についても単P優先で、理事どうし協力しあって活動している。それぞれの単Pの悩みを相談し合うこともあり、最初は緊張していても、1年経つと表情も変わり、楽しそうに関わってくれる人が多いとのこと。

奈良市P連の会長・副会長等の役員選出方法は、毎年理事会で決定する。以前は選考委員会を立ち上げて選考していたが、コロナ後は役員会が次期役員を任せられると判断した人に声をかけているという。

また各単Pには、議決権を持つ代議員が3名ずついて、そのうちの一人は、学校の教頭先生または幼稚園・こども園の園長先生とのこと。奈良市P連から単Pへの連絡は、「マ・メール」というシステムを利用して、学校園の代表メールと保護者代議員の個別メールに送信している。全会員（校園）に周知していただく内容については、奈良市が導入している学校の「さくら連絡網」等で各保護者へ配信されている。2023年度の「全会員対象研修会」の際には、奈良市P連に加入していない学校にも、校長先生にお願いしてさくら連絡網で保護者に周知してもらったそうだ。研修会の内容について、先生方から意見をもらうこともあり、奈良市P連の運営は、学校とも連携をしながら行われていると言えるだろう。

## ２０１９年度に県Ｐを退会

２０１９年度に、正式に奈良県ＰＴＡ協議会を退会した。奈良市Ｐ連は、過去にも奈良県ＰＴＡ協議会からの退会と入会を繰り返してきた歴史があるが、今回の２０１９年度の退会に至った最大の理由は、任意加入についての意見の相違があったことだった。ちょうど単Ｐで退会者が出だした頃で、岡田さんが県Ｐに相談しても対応してもらえず、ＰＴＡ加入が任意であるということについて、当時の県Ｐ会長は「全員が入っていることに意味がある」と発言するなど、ＰＴＡに対する考え方に隔たりがあった。

県Ｐ退会までには2年間猶予期間があり、その間奈良市Ｐ連から奈良県ＰＴＡ協議会に対し何度も話し合いの場を持つよう要請したが、一度も応じてもらえなかった。そのような関係の団体に会費の三分の一を払うことはできないと、退会の決議に至ったという。奈良県ＰＴＡ協議会を退会して不便に感じることは「全くない」と岡田さんは言う。

## 奈良市Ｐ連の会員構成

奈良市Ｐ連は、市内の公立の幼稚園から高校までの75のＰＴＡが加入しているが、近年は奈良市が市立幼稚園の民営化を進めていて、奈良市Ｐ連に加入する市立幼稚園・こども園のＰＴＡ自体が減っている。残っている市立幼稚園・こども園PTAでは会員数3人など極小になるところも出てきているため、幼稚園部会のあり方自体も見直しを進めている。単Pの役員の考えで、スリム化のために奈良市P連を退会するPTAもある。奈良市P連の運営について深く知ることなく、ネットで一般的なPTA批判の情報を目にして奈良市P連を退会するということも起きているようだ。

「市P連に入れば様々な相談ができたり、情報を得られたりすることにメリットを感じてくれる単Pが集まってくれれば良い。もともと単Pが集まって作った連合会なので、単Pが必要ないと考えるのであれば解散すればいい。特に奈良市P連を守らなければならない、といった考えで務めてはこなかった」と岡田さんは言う。

奈良市P連は2023年度から入会意思確認を始めた。「ウチが入会申込書を取ってないのはどうなんやろと思って（笑）」と岡田さん。2024年度現在は奈良市立の小、中学校PTAのうち4校が加入していないという。

## これからの奈良市P連

会長の山野さんは「子どもたちの笑顔のために楽しくPTA活動をやっていきたいということが基本です。自分たちが笑顔でないと子どもたちも幸せではない。先生方にも笑顔でいていただきたいと思っています」と言う。

コロナ禍以降、「活動のスリム化」「会員の負担軽減」という名目で、ＰＴＡの事業・活動を削ってしまった例もあり、何よりも保護者同士の対話が極端に減っているという。「特に近年、よその子もウチの子という考え方の保護者が減ってきていて、保護者に余裕がなくなってきています。今後は、保護者同士の連携、学校や地域との連携を意識して、子どもたちのために何が必要か、何ができるかということを常に念頭に置いて活動していきたいと思っています。奈良市Ｐ連として、世の中の変化や動きを注視しながら、単Ｐのニーズや悩みや課題に寄り添いながら、時代に合ったＰＴＡを模索していきたいと思います」と山野さんは語った。

これまで、部会や研修会の資料作成や開催準備、単Ｐからの相談対応、広報紙の発行と、多岐にわたる事務局業務を担ってきた岡田さんは２０２４年６月に退任した。今後もサポートはしていくものの、特に知見が必要と思われる相談対応では、これまで寄せられた質問と回答を資料として残す作業を後任の事務局長に担当してもらったとのこと。事務局業務を上手に引き継いでいく工夫をされているようだった。組織や事業の継続性は、各連合会や協議会でも課題となっているが、「引継ぎのノウハウ」や知見の共有についても奈良市Ｐ連の取組は参考になるだろう。

CASE 8

上部組織からフラットな支援機関に

# 会員ゼロで会費なし！IT・運営支援に特化しフラットな交流の場へ

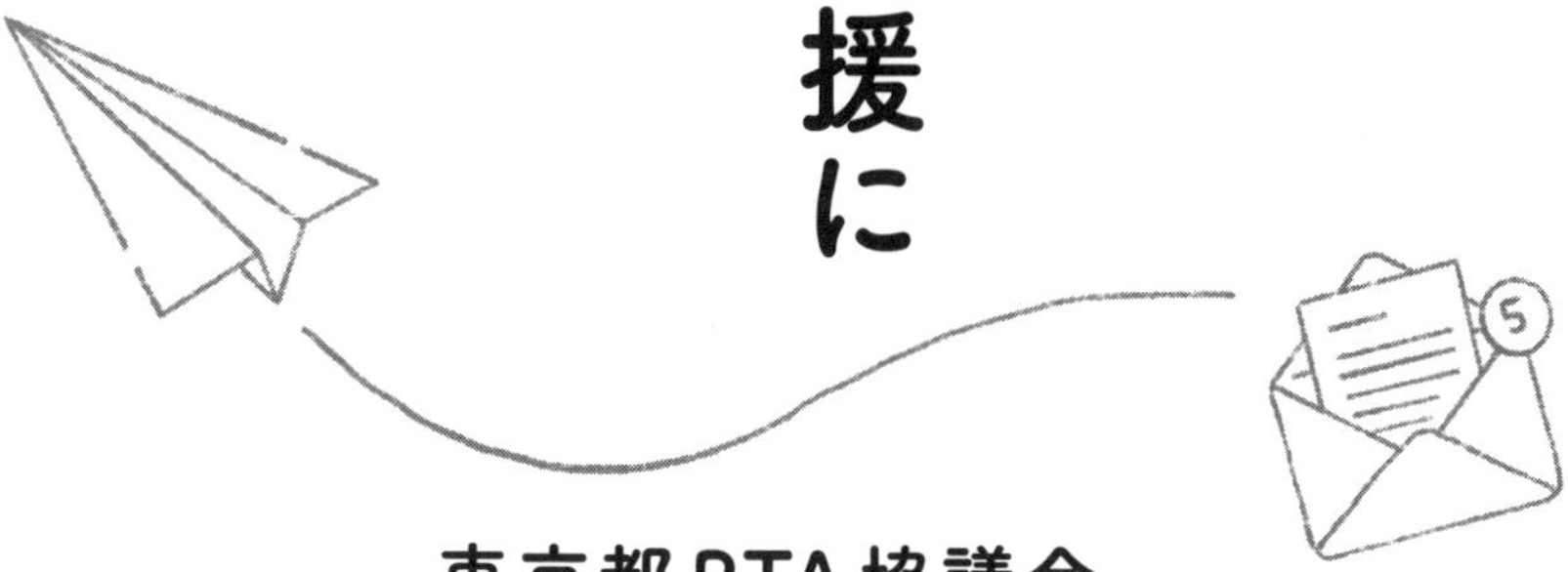


## 東京都PTA協議会

［ お話しを聞いた方 ］

| | |
|---|---|
| 岡部健作さん | 東京都PTA協議会会長（2020年度～） |
| 図版提供 | 東京都PTA協議会 |

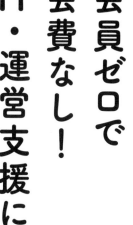

## 改革の概要

2023年1月、「東京都小学校PTA協議会」(以下「都小P」)が「東京都PTA協議会」(以下「都P」)に名称を変更し、3月末に日本PTA全国協議会を退会したというニュースは、全国のPTA関係者に驚きをもって受けとめられた。

2023年度以降の都Pは、上部団体には属していない。2023年からは全国PTA連絡協議会に加盟しているが、全国PTA連絡協議会は単位PTAとPTA連合会がフラットにつながる会なので、全Pは都Pの上部団体ではない。

都小Pは2020年2月頃からのコロナ禍を期に、PTA連合会だけでなく単位PTAも会員になれるようにするなど、組織や事業の大幅な見直しを開始した。都Pになって2023年度からは会費・会員制度を廃止した。会員・非会員の区別なく事業対象校のPTA(東京都の公立小学校・義務教育学校・小中一貫校PTA)であれば、必要なサービスに登録して利用できるという、会員ゼロの組織になったのだ。

単位PTA以上にその活動目的や存在意義が問われるPTA連合会という上部組織の今後の方向性を都Pの改革に見てみよう。

## 改革前の課題

### もともと低かった都小Pの加入率

そもそも約１３００校ある東京都の小学校・小中一貫校の中で、都小Pの加入率は低かった。都小Pは昔から単位PTAと区市町村PTAが団体として加入する体制だったので、入会届、退会届などの書類は整備されており、任意加入は適切になされていた。

都小Pには区市町村単位のP連会員と単位PTA会員があったが、P連会員に加盟する単位PTAも含め、全部で１９０校程度が都Pに加盟していたという状況で、加入率は15〜16％程度だった。

おそらく昭和30年代には東京都の小学校PTAはほぼすべて都Pに加盟していたと思われるが、特に２００１年頃より以降にどんどん抜けていって、２０２２年度の１９０校に至ったという経緯と思われる。そもそも東京都では、都小Pの時代から、区市町村P連に入るのみで、日P体制（都道府県と政令指定都市以外は加盟できない）に組み込まれていなかった単位PTAが多かったと言えるだろう。現在の都中Pもかつての都小Pより加入率は少ないと思われる。

東京都としては都小Pの加入率の低さを気にしていて、東京都のPTAを代表する協議会として予算を出せるのかという点について、加入率を指標にして問題視することがあった。

都小P加入率が他の道府県レベルのPTA連合会に比べて低いのは、人口も多く多様性が高いことから、任意加入に関する考え方も進んでいた面がある。「上部団体につながって何のメリットがあるのか」と率直に問う人が多いことが理由だろう。

都小Ｐも上記のような疑問をもって日Ｐを抜けているわけなので、区市町村や単位ＰＴＡが都Ｐに対して同様の考えを持つのは当たり前の流れと言えるだろう。

「都小Ｐの場合は、そういったことに危機感を持たずに運営をしていて、同じようなメンバーで毎年同じことをしながら、会員も自然に抜けていくことに対して手を打ってこなかったので、しかたがない流れだったと思います」と岡部さんは言う。

また、東京都の場合、区市町村単位で教育行政が完結していて、都の方針が一律に浸透するというよりも、各区でそれぞれカラーが違う面があり、わざわざ都小Ｐに加入しなくても、区市町村の連合会単位で行政と話をすれば解決することが多い、という事情も、都小Ｐの加入率の低さにつながっていた。

## ＰＴＡ保険のしくみも都Ｐの存在価値を低くしていた

一般に区市町村単位のＰＴＡ連合会でもＰＴＡ保険はつくれるが、都小ＰではＯＢ団体である「東京都小学校ＰＴＡ協議会互助会」があり、互助会は互助会独自に会員制度をとっていたので、都小Ｐの会員でなくても保険に入れるという体制だった。昔都小Ｐに加盟していた団体は都小Ｐから退会した後も互助会の保険を利用できたので、ますます都小Ｐ加入の必要性が薄れていた。

## 区市町村ＰＴＡや単位ＰＴＡと重複する活動、非会員ＰＴＡも参加できる活動が多かった

コロナ禍前の都小Ｐは保護者向け講演会、子ども向けイベント、保護者向けのバレーボール大会（都大会）、学校単位で保護者向けのアンケート、行政に要望書を提出するといった活動を、区市町村ＰＴＡとの重複もあまり気にせず、毎年同じように繰り返していた。これらは、区市町村のＰＴＡや単位ＰＴＡでもできることであった。

また、都小Ｐ主催で広報紙コンクールを実施し、優秀作品を日Ｐコンクールに出品していた。三行詩も同様にコンクールを実施していたが、これは文部科学省後援だったので、都小Ｐ非加入のＰＴＡでも応募できた。この点も都Ｐ加入のメリットを弱めるものだった。

会員でなくても参加できることが多かったので、「会員制度ってどうなの」という議論につながった面もある。

## 区市町村ＰＴＡからの宛職理事による都小Ｐ運営

都Ｐの活動は区市町村ＰＴＡから理事を出してもらい、年間25名ほどの理事で業務を分担していた。区市町村ＰＴＡのＯＢが理事として出てくる場合もあった。

厚生委員会（バレーボール担当）、総務財政委員会（アンケート・行政への要望担当）、教育問題対策委員会（研修会担当）、広報委員会（都Ｐ新聞担当）、組織強化委員会（会員獲得担当）のように組織が分かれており、年度はじめに理事が各委員会に割り振られて活動していた。長年活動した理事は都Ｐ

推薦理事として役員になるパターンもあった。

## 活動目的をPTA支援に明確化

事業見直しの大きなきっかけとなったのが2020年のコロナ禍だ。都小Pが実施してきたイベントはコロナ禍では実施が難しいもので、また、一斉休校で学校に集まれず困っていた区市町村PTA、単位PTAのために都小Pは何ができるのかが問われた。議論の結果、「PTAに必要な情報を集約・発信・共有して、PTAの支援をすべきだ」という結論に至り、「単位PTA・区市町村PTAの支援」という目的が明確化された。

会員制度をやめた以外に、事業の見直しを行った。

従来行っていた保護者向け講演会、子ども向けイベントは単位PTAや区市町村PTAと重複するため廃止した。バレーボール大会は単位PTAや市区町村PTAでもやっていることだが、それらの団体から「都単位の大会をやってほしい」という希望があるため、開催したという。

学校向け・保護者向けアンケートを実施し、各PTAの課題を都P広報紙で共有するという事業については継続している。都P主催の三行詩コンクールは廃止した。広報紙コンクールは、（日Pを退会しているため全国レベルに出品することはできないものの）都単位で継続して開催している。

委員会制度は全廃し、無理やり会員団体から人を出させるのはやめた。各区市町村の連合会から意欲のある理事を推薦してもらい、本人の希望を聞きつつ担当を割り振っている。都P推薦理事という枠もあり、委員の中でも特に熱心な方に理事、役員になってもらっている。

従来の都小Pでは、宛職で出てくる理事には温度差があり、25人の理事の中で、一回も出席しない人が7〜8人という状態だったが、それを変えた。

2024年度は理事12人と監事（監査）が2人という体制。都P推薦理事や一本釣りした人で運営しているという。

理事の基本的な仕事は理事会に出ることだが、それ以外に事業ごとに担当者を相談して決めて実施している。研修会のファシリテーターやバレーボール大会担当はノウハウのある理事に個別にお願いしている。事務は事務局と理事が分担している。理事にはIT専門家がいるので、単位PTAや区市町村PTA向けのIT支援関係はその方が担当している。

## ITを活用したPTA運営支援

都Pとして活動の柱と位置づけているのが、単位PTA、区市町村PTAに対するITを活用した運営支援だ。都小Pは、個人情報保護法改正の際に、単位PTAに向けて「任意加入を徹底しましょう」という呼びかけや研修会をしてきた実績があるが、近年はITを活用した支援活動を充実させてきている。

2023年度に都Pとして会員制度を廃止する前の2020年度から東京都下の1300校のPTAに「@ptatokyo.com」ドメインのメールアドレスを割り振り、「どうぞ使ってください」と案内を出した。希望するPTAは、校内外の連絡用や各種アカウントのIDとしてこのメールアドレスを無料で使用できる。個人に紐づくアドレスではないため、会長や役員が変わっても永続的に利用できる。

2024年時点で、東京都の小学校・小中一貫校PTAの400校以上のPTAでメールサービスが利用されているという。

メールアドレスの付与と並行して、協議会内ではオンライン会議ツール「Zoom」の活用を始めていた。それまでは役員会や理事会、総会といった会議体はすべて事務所に集まってのリアル開催だったが、コロナ禍以後は開催が難しくなっており、オンライン会議の導入を急ぐ必要があった。そして、このZoom導入の知見を活かし、2020年6月に参加費無料の「全都PTAオンラインミーティング」を初開催した。もともと3月に「全都PTA会長会」というリアル企画を予定していたが、コロナ禍により企画実施が難しくなり「だったらオンラインでやってみようか」と開催にこぎつけた。

初回はちょうどコロナの時だったので、多くの学校で「総会を開けない」とか、「学校に行けないのでPTA運営をどうするか」とかの課題が噴出して非常に停滞して皆さんが困っていた時期

図1　都小Ｐのメールアドレスサービス案内チラシ

だったので、Zoomを使ってセミナーを企画したという。都Pは一般社団法人のため、都Pの会員に閉じずに広く参加者を募集したが、Zoomのライセンス提供は会員だけに限定した（IT関係のサービスを会員に限っていたのは2022年度までで、2023年度以降は非会員団体も含む都内の対象PTAに拡大した）。

このオンラインミーティングは、「会費」「役員」「任意加入」「IT」などそれぞれのオンライン上の「部屋」を設けて、都Pの理事が仕切りつつ、参加者である都内のPTA役員がそれぞれに自校の事例を話し、他校の事例を聞くことにより情報交換を行うフラットな会であり、現在も年間2回開催されている。毎回テーマは一応設けるが、やはり皆さんが話したいことはPTAの「あるある課題」に収斂されていくという。初回は100人超え、その後は数十人規模で続いている。

都Pになってからは、上記の年2回のオンラインミーティングに加え、オンラインセミナーや、「お悩み相談室」などを登録者・非登録者問わず実施しており、毎回30～100人の参加があるという。

また、都Pが提供するITツールを使っている団体向けに勉強会を実施したり、セミナーや情報交換会に参加した人を主な対象にして、LINEオープンチャットによる相談室を実施したりしており、100人以上が参加している。

単位PTAのPTA室にはWi-Fiがないというのが基本なので、会長名義でなくても使えて、会長個人で立て替えなくても決済できる大塚商会のWi-Fiルーターのレンタルプランを紹介したり、オンライン会議ができるようにZoomライセンスの助成した金額での提供、マイクロソフト「Office365」やGoogle Workspaceのグループウェアライセンスの無償提供、スマホのPTAプラン提供を実施している。まずは使ってもらって専門家がフォローするという支援をしている。

その他、パソコン・印刷機のPTA向けリース契約の案内や、PTA会費の口座振替・コンビニ決済サービスの紹介も行っている。

保護者に普及しているLINEについては、使い方に関する知識は既に普及しているので、特に都Pとして説明する必要はないと考えている。ラインワークスは企業としてPTA向けの広報に努力されているので、特に都Pとして説明する必要はないと考えている。オンライン会議やワークスペースを使うことは、その一段階上の効率化なので、そこに重点を置いて支援している。

## 都P内部でのIT活用

メール、Zoom、Googleワークスペースは日常的に活用していて浸透しているが、すべての理事に浸透しているとは言えない。

都P内部ではサイボウズのオフィスという、メール機能も含むグループウェアを使っている。都Pに来たメールは役員全員が見られるので、役割分担はスムーズにできている。

サイボウズオフィス（有料、PTAサポート価格、年額2万円）は、メール、メッセージ・タスク管理、カレンダーをよく使っている。都Pが使っているサイボウズは共有スペースがあってそれに個人が参加するが、PTA団体でもよく使われているラインワークスは個人がまずあって共有スペースをつくっているという違いがある。サイボウズのメールワイズは役員全員でメールを共有でき、担当者の割り振りや下書きの承認機能もあって便利。他の団体ではkintoneを使っているところもある。

## 日本PTA全国協議会からの退会

活動目的を再定義し、PTA支援に注力すべき都Pとして、次にクリアすべきハードルは日本PTA全国協議会（以下「日P」）からの退会だった。

2022年度までの都小Pは、当時東京都下の190の小学校PTA（会員約9万人）から児童1人あたり20円の会費をもらって、会費収入のほぼ半分である90万円を日Pに毎年払っていたが、当時の日Pは、全国大会の開催には熱心なものの、都Pから見ると、都Pの会長が年4回の日P代表者会議に出席する、都Pの会長が委員会活動として日P広報紙の作成を担当するといった活動が主で、教育問題について議論するなどの活動はあるものの、なかなかそれを会員である都小Pの会員に直接還元できていないという状況だった。

日Pが単位PTAや区市町村のP連の方を向いておらず、都Pとしても、日Pとの関係の中で会費を払った会員に向けた活動ができていなかったため、年間90万円に見合う対価があるのかについて議論を始めた。

まず「退会に向けた議論を開始すること」を2022年5月の理事会で決議し、3か月ほどかけてさまざまな観点からの協議を重ねつつ、総会・理事会での決議を経て2022年度末の退会を最終決定したという。

その後、日Pとの意見交換なども実施し、2023年3月に退会している。

2023年1月より、都Pの事業対象は東京都内の公立小学校／公立小中一貫校の中学校／義務教育学校の各PTAとなった。それまでは公立小学校のPTAや連合会のみを会員としていたが、新しく始めたPTA支援事業などについて、小中一貫校や義務教育学校の中学校PTAからも問合せを受けることが増え、条件に合致する一部の中学校PTAは、希望すれば都Pのサービスを使う事ができるようになった（通常の中学校PTAは対象外）。

## 会員制度の廃止

続いての都Pの改革は、2023年度からの会員制度廃止という思い切ったものだった。

2020年度以降、都小Pが新しく創設した単位PTA会員制度に賛同するPTAも出始め、会員が属する地区数は増加しつつあった。

しかしながら、区市町村単位の連合会退会が続き、会員校数は減少する一方だった。都Ｐは一般社団法人であるため、団体としての公益性の観点からは、東京都のすべての対象校にサービスを活用する権利を付与すべきだが、その一方で都Ｐに会費を納めている会員と、そうでない非会員への対応は区別すべきであり、そのダブルスタンダードを維持することが都Ｐの運営上、さまざまな点で難しくなってきていた。

会員制度を廃止することは、都Ｐの既存会員にとっても非常に重要であるため、会員である連合会の幹部とは、何度も協議を行った。「金銭的、人的な負担がなくなるなら歓迎」という方も居れば「もらえる会費はもらっておけばいいのに」という連合会幹部も。さまざまな意見がある中で、決め手になったのは「東京都の協議会としてもっとみなさんに認知してもらうため、心理的・物理的なハードルがあるならそれを可能な限り下げたい」という会長の思いだったという。

## 認知してもらうことの大切さ、難しさ

そうして会員制度の廃止に踏み切った都Ｐだが、例のない取り組みだけに、その周知には苦労しているという。それまでは会員の連合会や単位ＰＴＡだけに向き合っていれば良かったのだが、これからは東京都の全ての対象校・連合会と向き合う必要が出てきたのだ。

そこでまず考えたことは、各区市町村の連合会を訪問することだった。各自治体の教育委員会

（ＰＴＡ担当）に電話で連絡し、連合会の会議などで、都Ｐの説明に時間を取ってもらえないか交渉。地区によっては「来てもらうかどうかは役員会で協議します」などと言われることも。長年の協議会運営でいかに会員以外を見てきていなかったかを痛感することとなった。

それでも根気強くアプローチを続けたところ、都内62の自治体のうち20数か所の連合会を訪問することが叶い、四半期に一回出す『ＰＴＡ東京かわら版』を会議で配り、都Ｐ改革の経緯や「誰のために何をする組織なのか」を会長さんたちに直接お伝えすることができたという。広報紙は１３００校全部に配付している。

都Ｐでは、各地域の連合会と定期的にコミュニケーションを取ることは、結果として都Ｐや事業のファンを増やすことにつながる重要な施策だと考えており、現在も継続中だ。

また、会員制度の廃止に伴い会費収入がなくなることについて「活動資金はどうするのか」と様々な方から質問を受けるそうだ。

前述の通り、都Ｐには「東京都小学校ＰＴＡ協議会互助会」という保険事業を営む関係団体があり、都Ｐはそこから数十年来にわたり活動資金の支援を受けてきた。今後も互助会から経済的な支援を受けて活動することは可能だが、互助会の運営は都Ｐ役員のＯＢ・ＯＧが担っており、考え方や価値観の点で相違があるため、互助会の支援は断り、都Ｐ独自の財源で組織運営をしていく方針への転換を決定している。

## 財政について

会員制度を廃止したので、これまでの190校会員からの会費収入はなくなった。各校は引き続き都Pの保険や互助会の保険を利用したり、区市町村単位P連の保険を利用したり、全Pやその他の保険会社の保険を利用したりしている。

2021年度までの決算からの変化を見ると、収入の会費（約90万円）、互助会（保険料制度運営費からの）補助金収入550万円（内279万円を助成金として会員に配る）がなくなり、日P負担金（94万円）もなくなった。

会員団体に配る助成金と日P負担金はなくなったものの、収入は激減しているので、互助会とは別に2024年度から都P独自の保険事業を始めた。PTA団体傷害保険・賠償責任保険、個人情報漏洩保険、児童生徒向けの傷害総合保険について全Pの制度に参加して運営している。

東京都では互助会の保険が幅広く利用されているため、都Pとして東京都の小学校・小中一貫校PTA向けに保険のオンライン説明会を7〜8回開いて加入を呼びかけているが、成果はまだこれからという。

人件費・印刷製本・会議費・事業費はまだ減らせておらず、これからの課題だ。広報紙は紙を配っているのでお金がかかり、事務所は互助会に借りているので、今後について検討が必要。単年度収支は今後3〜4年は赤字の見通しだという。

上記の他には、広報紙やホームページによる広告事業、ディズニー映画やワーナー映画の代理店とタイアップして、映画ポスターに都Pからのメッセージ（「仲間がいるから頑張れる」など）を入れて学校に配付するという事業も行っている。

## 行政への要望

改革前は都小Pから東京都の教育庁に文書で要望し、それに対する回答会が年一回あった。これが非常に形骸化していてお互いに負担だったので、違う形でできないかと教育庁に提案したが断られた。

要望書を出す活動はできていないが、年一回都知事に直接要望する機会がある。10分ほど時間をいただき、記念撮影をして内容を話し回答をもらう、という機会だ。口頭で大体の回答をもらい、一月後くらいには書面で予算措置も含めた回答をもらえるという。

２０２３年10月には、本来公費で買うべきものを、少額なので学校からＰＴＡにお願いすることが慣例になっているところが多いので、東京都から全部の学校に通知を出してほしいと都Ｐから都に対して要望し、きちんと周知する旨回答があったという。「学校ごとにスピーディーに執行できる年額10万円など少額の予算枠を設けてほしい」という要望も出したが、それに対して回答はなかった。

## 残る課題

協議会にPTAという名前が付いているので、「PTA活動の延長」のような感覚を持って参加する理事もおり、「改革で時間を使うことまではできない」といった反応を示す理事もいたという、都Pの中でも温度差があったようだ。

理事12人全員が頑張っているという状態でもなく、5〜6人のコアメンバーが中心になってひっぱってきたのが実態だそうだ。「すべての人に当事者感をもってきちんと関わってもらうということはまだまだできていない」と岡部さんは言う。

理事会決議、総会決議を経て日Pからの脱退を決めた際も、日Pを抜けることに反対の人も一人いた。「個人的には賛成だけど反対しておく」「上部団体とはつながっておいた方がいいんじゃないか」といった発言もあり、理事会のコアメンバーとそうでない人の間に情報格差があることを痛感したという。日P脱退に賛成は9名、賛成でも反対でもない棄権が4〜5人いた。「きちんと伝えたいことを伝えて判断してもらうというプロセスが成り立っていなかった」と岡部さんは振り返る。

「今回の都Pの改革で実現できたことは何か?」と岡部さんに尋ねたところ、「誰のために何をする組織かをアピールする体制ができた。言うこととやることが合致した」との回答だった。逆に課題として残ったのは、「関係者全員に当事者意識を持ってもらえていないことと人材の確保。曲がりなりにも窓口があった状態を閉ざしたので。次の時代を担う人をどうやって集めるかが課題」とのことだった。

都Pの改革は外部からは鮮やかなものに映るが、内部ではそれなりにまだまだ課題もあるようだ。ただ、単位PTA支援というP連の目的に忠実に活動しようとすれば、都Pの選択した方向性にしか今後の各地のPTA連合会の進む道はないだろう。

# おわりに

本書に掲載した事例は、ほんの一部の事例です。改革のきっかけとなる課題に気付いた時に、見過ごさず動くことができた事例とも言えるでしょう。

ＰＴＡのあり方を変えることは、エネルギーを必要とする作業です。チームで取り組まなければ成し遂げることは簡単ではありません。スタートは一人のリーダーだったとしても、その思いに共感し、同じ目標に向かって、議論し、一緒に前に進んでいく仲間が必要です。そんな仲間の存在も、ＰＴＡ活動を通して得られる大事なものだと思います。

インタビューをさせていただいた全員が、「この改革の趣旨が永遠に引き継がれるとは思っていない。今後は、その時々のメンバーが考えて変えていけばよいと思う」と話していました。

時代の流れと同じように、ＰＴＡ活動が変わっていくことも当然のことです。それぞれのＰＴＡも、さらに変化していくのかもしれません。

前例踏襲や強制のあるＰＴＡ活動の中で辛い思いを抱えている保護者もいます。様々な事情にも配慮し、皆様の地域や学校に合ったＰＴＡのあり方を是非、考えていただければと思います。

本書が少しでも役に立ち、多くの保護者が楽しみながら参加できるＰＴＡ活動が広がっていくことを願っています。

一般社団法人全国ＰＴＡ連絡協議会
理事　岡部　健作

**一般社団法人全国PTA連絡協議会**

2023年1月に設立された、自立して運営するPTAがフラットにつながるための全国組織。単位PTAや市・県PTAの上部団体としての従来の全国組織とは一線を画し、IT支援と保険等の運営支援に特化したサービスを提供。PTA改革派勢力のリーダーとして、全国のPTA関係者から注目を集める。

**PTA、こうやって変えました!**
**脱強制・改革の超実践的ノウハウ**

2024年12月5日　第1版第1刷発行

編著者　一般社団法人全国PTA連絡協議会

発行者　井口夏実

発行所　株式会社 学芸出版社
〒600-8216
京都市下京区木津屋橋通西洞院東入
電話 075-343-0811
http://www.gakugei-pub.jp/
info@gakugei-pub.jp

編　集　岩崎健一郎

デザイン・装丁　金子英夫(テンテツキ)
図版作成協力　平原かすみ
印刷・製本　モリモト印刷


ISBN978-4-7615-1384-9